W0064307

Harry Rowohlt
Und tschüs

Harry Rowohlt
Und tschüs

Nicht weggeschmissene Briefe III

Herausgegeben
von Anna Mikula

KEIN & ABER

Editorische Anmerkung: Die Briefe sind chronologisch abgedruckt, die »neue« Rechtschreibung wie bei allen Büchern dieses Autors außer acht lassend. Verlag und Herausgeberin danken Harry Rowohlts Korrespondenzpartnern herzlich für die Erlaubnis zum Abdruck ihrer Briefe. Leider konnten nicht sämtliche Briefautoren ausfindig gemacht werden. Sie werden gebeten, sich beim Verlag zu melden.

Alle Rechte vorbehalten
Copyright © 2016 by Kein & Aber AG Zürich – Berlin
Coverfoto: Steven Mahner
Satz: Fotosatz Amann, Memmingen
Druck und Bindung: CPI – Ebner & Spiegel, Ulm
ISBN 978-3-0369-5739-5
Auch als eBook erhältlich

www.keinundaber.ch

Inhalt

Was bleibt

Im September 2009 versprach ich im Vorwort zu Harry Rowohlts zweitem Briefband, *Gottes Segen und Rot Front,* im beizeiten folgenden dritten Band die Reaktion der Feuilletons zu resümieren. Wie nicht anders zu erwarten, fehlt hier der Platz, alle Elogen zu dokumentieren, daher nur zwei Beispiele pars pro toto: »Es gibt in der deutschen Gegenwartsliteratur wohl keine Briefe, die vergnüglicher und authentischer wären als diese Kabinettstücke.« (*NZZ*) – »Man möchte sich wegschmeißen vor Lachen, und das kann man über vergleichbare Projekte von Goethe und Schiller bis Siegfried Unseld ja nicht eben sagen.« (*FAZ*) Am lustigsten war der bündige Kommentar eines anonymen Lesers im Internet: »Dafür gebe ich 11 von 10 Punkten.«

Harry Rowohlt ist am 15. Juni 2015 gestorben. Wenige Wochen zuvor hat er noch mit Freunden seinen 70. Geburtstag gefeiert, versehen mit der für ihn typischen Anmerkung: »Immerhin bin ich siebzig geworden, mehr kann man nicht verlangen.«

Es gibt keine unveröffentlichten Manuskripte, keine Autobiographie, schon gar kein nachgelassenes Romanfragment, leider. Aber es gibt ein letztes Konvolut an Briefen, das nun in diesem Band erscheint. Harry Rowohlt hat mich zu Lebzeiten autorisiert, dieses sein Vermächtnis zu kompilieren, bzw. sagte er: »Mach's, aber nerv mich nicht damit!«

Wer die vorangegangenen Briefbände kennt, weiß oder ahnt, daß wieder zahlreiche überquellende Leitz-Ordner zu sichten waren, dieses Mal 25 Stück. Der vermutet zu Recht, daß Harry Rowohlt nach 2009 kein anderer Mensch geworden ist; daß er vielmehr verläßlich sein Harry-Rowohlt-Sein fortgeschrieben hat: lobend, tadelnd, schmähend, klagend, belustigt und belustigend.

Harry Rowohlt besaß kein Handy, keinen Computer, seine Freundin war die Schreibmaschine, sein Freund hieß Tipp-Ex Flüssig. Und so schreibt er wieder an Gott und die Welt, an den designierten Bundespräsidenten ebenso frei von der Leber weg wie an jugendliche Fans, an Kollegen, Verleger, Bittsteller, Autogrammjäger. Was bei ihm im Briefkasten landete, wurde beantwortet. Daß am seltensten Freunde bedacht wurden – sie kamen allerdings häufig in den Genuß eines Telefonats –, hat meines Erachtens einen speziellen Grund: Harry Rowohlt war ungemein gewissenhaft, zuerst wurde das Arbeitspensum erledigt. Kehrte er zum Beispiel von seinen Lesereisen wieder, setzte er sich im Wortsinn sofort hin, um den Veranstaltern zu schreiben. Das sind nun keine Dankadressen der gewöhnlichen Art, sondern ausformulierte Reiseberichte voller kurioser Beobachtungen, wie nur er sie tätigen konnte. Sie sind der veritable Ersatz für Harry Rowohlts *ZEIT*-Kolumne »Pooh's Corner«, die er vernachlässigte, wohl auch aus Zeit-Gründen.

Zweites Beispiel: Als er im September 2011 in Hamburg ein Flann-O'Brien-Symposion organisierte – zum 100. Geburtstag jenes Schriftstellers, den er am meisten geliebt und am liebsten übersetzt hat –, lud er dreizehn befreundete Autoren ein, aus dem Roman *Der dritte Polizist* zu lesen (eine denkwürdige Veranstaltung, die die Gäste bis in die frühen Morgenstunden auf ihre Plätze bannte). Für ihn war es offenbar selbstverständlich, anschließend jedem einzelnen Teilnehmer einen persönlichen Dankesbrief zu schreiben. Da mag sich die eine oder andere Formulierung wiederholen, aber von einem Formbrief, wie unsereins ihn wohl verfaßt hätte, sind seine schnurrigen, liebevollen Einlassungen weit entfernt.

Ich gebe zu, ich bin befangen. Ich finde die (meisten) Briefe von Harry Rowohlt toll und einzigartig, nicht nur weil sie komisch und originell und im Stil immer elegant sind, sondern auch, weil sie beweisen, daß im Twitter-Zeitalter noch Nuancen möglich sind. Und weil sie für eine unbedingte, hellwache Zeitgenossenschaft stehen, die ihresgleichen sucht.

Das Schlußwort sollen zwei Hamburger Weggefährten haben. Hellmuth Karasek schrieb in seinem Buch *Briefe bewegen die Welt* (2014): »Wie Rowohlt neben dem Übersetzen, der Schauspielerei, dem Schreiben und Vorlesen die Zeit für so viele Briefe findet, bleibt sein Geheimnis. Kein Geheimnis ist, daß sie zum Komischsten zählen, was jemals in ein Kuvert gesteckt wurde.«

Und Rainer Moritz konstatierte im Deutschlandradio: »Wer die Briefe liest, wird versucht sein, Harry Rowohlt umgehend eine Nachricht zukommen zu lassen – in der Hoffnung, eines dieser unverwechselbaren Schriftstücke als Antwort zu erhalten.«

Das ist nun nicht mehr möglich.

Anna Mikula, im September 2016

5.Mai.2010

Liber Harirowolt
Ich finde es toll wi sie Winie Puuh
forlesen und die stimen sagen.
das wakte ich inen sagen. Bruno Steinfest
8 Jahre Stuttgart

Pu Der Bär   Ferkel

2010

»Wenn Sie das Buch zurückhaben wollen: Bis Samstag 14 Uhr liegt es in meinem Papierkorb.«

Lieber Volker Weidermann: 14-1-2010

»(Hallo, Rowohlt-Nachfahren! Jemand zu Hause?)« schreiben Sie in Ihrer wunderschönen *Murmeljagd*-Besprechung. Doch, ich bin zu Hause und wälze mich in unruhigem Schlaf.

Als *Murmeljagd* erschien, sagte mein Vater, wobei ihm sein natürliches, durch schlechtsitzende Zahnprothesen noch verstärktes Lispeln entgegenkam: »Völlig auf den Fähnen gewaugt.« (Widerwilliges Saugen an Daumen, Zeige- und Mittelfinger der rechten Hand.) Ich dachte, sagte es aber nicht, weil Hoffnung längst aufgegeben: »Und wie sollte man deiner Ansicht nach stattdessen Bücher schreiben? Ich dachte, das wäre immer so.« Vater, weiter: »Wo kann man doch kein Buch anfangen laffen, daff man ›Albtraum‹ mit B ffreibt, weil er nichpf mit den Alpen fu tun hat.« Ich, wieder unausgesprochen: »Das mußt du schon dem Autor überlassen, wie er seine Bücher anfängt.«

Das war nun überhaupt nicht erhellend, es fällt mir aber seltsamerweise immer mal wieder ein – nicht nur, wenn ich »Albtraum« schreibe. Kennen Sie Uli Bechers Bericht von der Trauerfeier für meinen Vater? Unter dem Titel »Finnegans Wake«? Der hat's.

Und nun zurück in die Speichen.

Herzlichen Gruß!

Harry Rowohlt

AN DAS HOTEL CHELSEA, KÖLN

Liebe, hochverehrte Rezeption: 6-2-10

Gestern ist eine gemeinsame Marx-/Engels-Lesung mit Gregor Gysi und mir im Rahmen der LitCologne geplatzt, weil
die betreffende Firma nicht bedacht hatte, daß es sich empfiehlt, für sowas einen Saal zu mieten, und allmählich habe ich
den Eindruck, daß die einzigen kölschen Mädchen, die nicht
bescheuert sind, in der Rezeption des Chelsea Hotels arbeiten. Sonst für heute nichts weiter. Schönen Gruß!

Harry Rowohlt

Liebe Buchhändlerinnen: 8-2-10

Vor einer Lesung stelle ich mich immer gern noch vor die Tür, um Passanten den Arm umzudrehen. Nur so kriegt man die Hütte voll. Als ich am 27. April 2009 abends vor dem ZAKK in Düsseldorf stand, näherte sich eine junge Frau und sagte: »Halt! Drehen Sie mir nicht den Arm um! Ich bin keine gewöhnliche Passantin, sondern eine verwunschene Lektorin der PATMOS-Verlagsgruppe und habe einen Übersetzungsauftrag für Sie.« Und überreichte mir *You're a Bad Man, Mr Gum!* von Andy Stanton.

»Was soll schon sein, ich schau mal rein«, dachte ich am nächsten Morgen in der Eisenbahn, fing sofort an zu lesen und hörte sofort wieder auf, und zwar an der Stelle, an der die Insekten nicht nur ein eigenes Gesicht und einen eigenen Namen, sondern auch einen eigenen Beruf haben, weil ich fand: »Wozu soll ich denn dieses Buch groß weiterlesen; ich übersetze es ja doch, schön, wie es nun mal zu sein scheint.« Und dann schien es nicht nur schön zu sein, sondern war in Wirklichkeit sogar noch schöner, und dann kam glücklicherweise gleich ein zweites dazu, und ein drittes gibt es inzwischen auch, aber das spare ich mir noch ein bißchen auf.

Lesen! Jubeln!! Reizpartien bestellen!!!

Ergebenst,

Ihr Harry Rowohlt

Liebe Buchhändler:

Eigentlich hatte ich mit Quoten-Majuskel arbeiten wollen, »Liebe BuchhändlerInnen«, aber was für die lieben Buchhändlerinnen gilt, gilt natürlich auch für Sie. (Oder soll ich Ihnen den Arm umdrehen?)

HR

AN LOTHAR MENNE

Lieber Lothar: 9-2-10

Du hast recht, die Chuzpiknikim, Nudnikim und allgemein Nebbichs sind Legion, deshalb eine schnelle, aber sehr herzliche Absage, bevor ich die heutigen 20 Seiten für Käptn Hansen übersetze. Ich habe nämlich errechnet, daß ich mich, wenn ich jeden Tag 20 Seiten übersetze, praktisch gar nicht zu beeilen brauche, sondern mich nur ganz bequem, in aller Bierruhe, abhetzen muß. Das Warten auf dem Postamt werde ich als Qualitätszeit nutzen. Grüß zu Hause!!! Nicht minder innig,

Dein Harry

EINE ABSAGE

Liebe B. L.:   9-2-10

Für Gerstenberg habe ich schon mal was übersetzt und davon
nur durch Zufall erfahren. Diese Zusammenarbeit reicht mir
völlig.

Wenn Sie das Buch zurückhaben wollen: Bis Samstag
14 Uhr liegt es in meinem Papierkorb.

Schönen Gruß,

HR

AUF EINE ANFRAGE VOM SWR

Sehr geehrte Frau A.:   11-2-10

Mir ist plötzlich klargeworden, daß ich eigentlich gar keine
Lust habe, am 6. Mai früh aufzustehen, um mir die immer
gleichen Fragen stellen zu lassen.

   Richten Sie das bitte dem Kollegen aus, der mich angerufen hat?

   Ja? Danke schön.

Besten Gruß,

Harry Rowohlt

AN DEN SCHREIBMASCHINENHÄNDLER

Lieber guter unentbehrlicher   15-2-10
Herr Schreibmaschinenmann:

Ich habe versucht, Sie telefonisch zu erreichen; es ist Ihnen doch wohl nichts passiert?

Meine eine Schreibmaschine kann nicht mehr <u>unterstreichen</u>. Meine Ersatzschreibmaschine kann es, wie Sie sehen, noch, es ist also nicht wirklich lebenswichtig. Aber meinen Sie, Sie können mich mal anrufen, damit wir einen Termin vereinbaren? Morgen früh muß ich zum Zahnarzt, und am Donnerstag fahre ich gegen 13 Uhr nach Münster, Dortmund, Mülheim/Ruhr, Bielefeld, Nürnberg und Erlangen. Dann (am 25./26. Februar) bin ich anderthalb Tage lang zu Hause und dann bis 7. März wieder weg –, was aber alles nicht so schlimm ist, weil ich in meiner Abwesenheit ja keine Schreibmaschine brauche.

Schönen Gruß!

Ihr Harry Rowohlt

Ertu? 25-2-10

Was machen Deine kleinen Nieren?

Nun zum Geschäftlichen. Wir müssen es wieder machen wie früher, daß die Veranstalter einen Stadtplan faxen, und nur im Notfall, wenn die Veranstalter dazu nicht in der Lage sind, auf die Google-Kiste zurückgreifen. (Und wenn die Veranstalter dazu nicht in der Lage sind, ist das bereits ein schöner Test, wozu sie überhaupt in der Lage sind. Wer keinen Stadtplan schicken kann, der hat auch eine Scheiß-Beschallung. Dies ist eine Tatsache.) Mit Google findet man rein gar nichts und hat bereits auf dem Bahnhofsvorplatz schlechte Laune. Im Hôtel gäbe es dann zwar einen kleinen Stadtplan, aber das will man ja erstmal finden, das Hôtel.

In Erlangen habe ich Frank Schulz' Bulettenbrötchen gekriegt. Wir wollen uns nochmal merken:

Wiglaf Droste: Viereckige Lesetische
Max Goldt: Fünf-Sterne-Hôtels
Frank Schulz: Frikadellensemmeln

Ich war der mit den Stadtplänen und dem Hôtel in Bahnhofsnähe, das nicht nach Pommes stinkt, sondern ein Raucherzimmer hat.

Ansonsten war alles prima. Und nun zurück in die Salpetermine. Ich hatte – nicht gefühlte, sondern gemessene – 38 cm Post, als ich heute zurückkam.

Und wie geht es den kleinen Nieren?

Tschüs, Mann. *Dein Harry*

AN PETER HAAG

Sálü, Sternenbruder: 11-3-10

»Wenn heute jemand was will, bringe ich ihn um«, habe ich gesagt, und dann war es Frau Dingsbums von dpa, die sagte: »… und denn können Sie mir ja zumindestens sagen …«, und ich sagte: »Entweder ›mindestens‹ oder ›zumindest‹; ›zumindestens‹ gibt es nicht«, und fortfuhr: »Wenn Sie mir trotz meines Sprachfehlers …«, und ich hätte fast gesagt: »›Trotz‹ regiert den Dativ, und ein Sprachfehler ist, wenn man lispelt«, aber sie kam dann zur Sache: »Also Sie wohnen schon ganz lange in Eppendorf.« »Ja.« »Und sind verheiratet.« »Ja.« »Und was machen Sie so beruflich?« Und dann, aber auch erst dann, habe ich gebrüllt.

Zwei Lesefrüchte von, juhu, S. 344:

»You don't know how much nastier I would be if I hadn't become a Catholic.« (Evelyn Waugh)

»One cannot really be a Catholic and grown up.« (George Orwell) Und Du? Was machst Du so beruflich?

Ciao, *hein*?

Harry

AN EINE VERANSTALTERIN

Liebe Petra G.:   15-3-10

Bevor ich gleich wieder weg muß, und bevor alles gar nicht
mehr wahr ist, schnell noch vielen Dank an Dich und das vorbildliche WeRK'STaDT-Kollektiv!!! Es war zwar in Witten,
Gelsenkirchen, Eupen (Belgien!) und Wuppertal sehr schön,
aber in Witten war es, glaube ich, wieder mal am schönsten.
Witten hat es einfach. OBWOHL MEINE KLEINE, DICKE,
BLONDE (die mit dem Skinken) SERVIERKRAFT AM
NÄCHSTEN MORGEN NICHT MEHR DA WAR! Wahrscheinlich vom Fleck weg geheiratet worden, von sechs Kindern genervt (drei davon aus erster Ehe ihres Mannes), ausge-
mergelt, abgezehrt. Aber so kann es gehen. Tüßkes!

Harry

AUF EINE ANFRAGE

Liebe Sabine: 31-3-10

Danke, daß Ihr an mich gedacht habt, aber a) bin und bleibe ich Beatles-Fan, und b) kann ich auch anderwärts 4000 Otzen verdienen, und wenn ich dann noch an die lästige live-Promo denke, die unweigerlich mit sowas verbunden ist. Sowas soll doch wirklich ein gottverdammter Scheiß-Versteller machen, Ben Becker oder sowas, auf jeden Fall jemand, der nicht so eine herzinnige Knecht-Ruprecht-Stimme hat wie ich. Das einzige, was die Scheiß-Stones den Beatles nicht sklavisch nachgeäfft haben, war und ist und bleibt die Selbstauflösung. Außerdem habe ich nur ein einziges Mal gekokst, damit fängt es doch schon mal an. Schönen Gruß!

Harry

Hörbücher höre ich, wenn ich mal blind bin. Mir dauert es immer zu lang, bis diese Schauspieler sich ausbetont haben.

Urlaub mache ich auch nicht. Für Ruhestand werde ich allmählich zu alt.

Meine beiden Lieblingsbücher sind gegenwärtig *Mehr Liebe* von Frank Schulz und *Die russische Fracht* von Oleg Jurjew. Drei der Meistererzählungen von Frank Schulz aus *Mehr Liebe* habe ich auf CD gequatscht, und mit Oleg Jurjew zusammen würde ich gern *Die russische Fracht* als Hörbuch einlesen. Hier stimmt doch etwas nicht.

Ein halbes Hörbuch höre ich zur Zeit ständig, nämlich die Musikspur zu meinem demnächst als CD erscheinenden Kochwestern *John Rock oder der Teufel.* Die ist von Dieter Faber, Hamburg-Barmbeks Antwort auf Ennio Morricone, und hier bereits vor Erscheinen exklusiv für *Buchjournal* eine erste Stimme: »Sowas Schönes hab ich ja noch nie gehört.« (Harry Rowohlt)

Liebe Redaktion:

Zu lang, was? Dann schmeißen Sie's weg. Schönen Gruß,

Harry Rowohlt

AN HANS TRAXLER

Lieber Hans: 21-4-10

Sei bloß froh, daß ich nicht zum künstlerischen Aspekt Stellung genommen habe, von dem verstehe ich noch weniger. Ich hatte eigentlich vorgehabt, einen Text von Elisabeth Borchers vorzulesen, da wäre aber der Gesamtvortrag zu sachlich und informativ geraten.

Zum Abschluß noch ein – literarisch leider zutiefst unerhebliches – Gedicht, welches mich morgens in Erfurt anflog und auf dem Steg über den Wehrgraben des Holzhausenschlößchens wegen des Protest-Erpels schon wieder.

»Guten Morgen, liebe Enten!
Seht in mir den konsequenten
Peking-Ente-Nichtbesteller.
Ente? Nicht auf meinen Teller!
Und du da vorn? Du ohne Kopp?«
»Ich schlafe noch. Und nu mach hopp.«

Schönen Gruß an Deine – wie man in Hamburg sagt – Bekannte.

Dein Harry

P. S.: Wie geht es Dir?

AN ANNA MIKULA*

Liebe Anna: 2-5-10

Höhepunkt. Junger Mann: »Guten Morgen, Herr Rowohlt.«
Ich: »Moin.« Handschlag. JM: »Gehört Ihnen nicht diese Bü-
cherei?« Ich: »NEIN.« JM: »Auch nicht die in Reinbek?« Ich:
»NEIN!«
   Diffuses Hungergefühl. McDonald's? Niemals. Das gastrono-
mische Angebot St. Georgs genutzt und draußen beim Türken
Kuttelsuppe. Türke: »Du nur zahlen, wenn's schmeckt.« Für
den Fall, daß man am 1. Mai nicht mehr küssen will, gibt es
Knoblauch in Öl für drüber. Oder für den Fall, daß man am
1. Mai nur Leute küssen will, denen das nichts ausmacht.
   Sso allein. Anna Kärnten, Ulla Fiaß, Schnuckel doppelsei-
tige Lungenentzündung, antibiotikaresistent. Legende Eber-
mann wahrscheinlich bei Heike in Berlin. Die ver.di-Jugend
hat es nicht nötig, zu Fuß zu gehen, und lümmelt sich auf
einem Wagen, von dem aus sie uns mit sowas wie Grönemeyer
mit Tourette-Syndrom beschallt. Ein Quintett: Mandolin-
banjo, Dobro, Snare und Pauke. »Und die Melodiestimme?«
höre ich Dich fragen. Sousaphon. Die Hamburger Stadtmusi-
kanten; niemand hat sie gewollt. »Etwas Besseres als den Tod
finden wir allemal«, haben sie sich gesagt, und nun spielen sie
auf der Wiese vor dem Gewerkschaftshaus »Vorwärts und
nicht vergessen«. Die damischen Damilen (die auf französisch
»Tamoules« heißen; interessant; weiß nicht jeder) schreien
ganz laut in ihre Megaphone: »AU HAU! AU HAU! AU
HAU!« Trifft es zwar, ist aber auf Dauer zu laut. Dafür skan-
dieren die zahlreichen Schrägstrich-Türken: »KUKURUZ!
KUKURUZ! KUKURUZ!« Auch doof. Ich schließe mich
einem Herrn, der aussieht wie unser Sam Hawkins, an und

schare mich um seine DIE LINKE-Fahne. Robert; zapft in der Werkstatt 3 und sitzt für DIE LINKE in der Altonaër Bauaufsicht, mit Anspruch auf die Anrede »Herr Vorsitzender«: »Das dauert immer so schön, bis die anderen Fraktionen gesagt haben: ›Herr Vorsitzender, du bist vielleicht ein Arsch, dö.‹« So vergeht die Zeit bis Barmbek wie im Fluge. Zwischendurch in der Langen Reihe 150 m lang Peggy untergehakt (und vorher beim Türken austreten gewesen, treppab bzw. den – so sagt man auf dem Schiff – Niedergang runter und wieder rauf. Für uns Polyneuropathen ein mörderischer Parcours.) Barmbek ohne Dixi. Offizielles WC sonn- und feiertags geschlossen. Hecke! Park!! Hecke ja, Park yok. Hauptsache, Hecke. Dann, mit unglaublicher Gelassenheit, weiter. Noch mit zwei Ostermarschbekanntschaften gescherzt. Abschied von Robert, der noch die Altonaër Maifeier geradeziehen muß. Voll Wehmut in die U-Bahn voller Friedensfreunde gequetscht, endlich geschwitzt und den Klassenauftrag erfüllt. Abends Rindfleisch, sehr, sehr gut, Streit mit der Frau, nachts Beklemmungen –, aber hier bin ich bereits in Adalbert Stifters Tagebuch gerutscht.

Sonst war nix. Willkommen dahaam!

Harrybär

---

* *nach dem traditionellen 1.-Mai-Marsch*

AUF EINE ANFRAGE VON W. P. FAHRENBERG, EINEN TEXT ZU CHLODWIG POTH ZU VERFASSEN

Och, WP: 13-5-10

Ich kann doch sowas nicht. Und daß Frau Krause* gleich auf mich verfiel, liegt nur daran, daß wir uns schon so lange kennen, so lange, wie sich sonst kaum jemand kennt auf der Welt, nämlich als ich noch Lehrling bei Suhrkamp und sie noch Buchhalterin bei Bärmeier & Nikel war, gelt, da schaust Du. Sogar in der Sonne von Mexiko links hinter dem Frankfurter Hauptbahnhof haben wir gemeinsam gesoffen, einer Kneipe für den gehobenen Pennerbedarf, die eines Tages verschwunden war und, wie im »Fliegenden Wirtshaus« von Chesterton, an anderer Stelle wieder auftauchte, im Sandweg, aufs Haar genauso, nur mit einem Hühnerdraht um den Bollerofen, weil es da in der kalten Jahreszeit immer wieder zu häßlichen Verbrennungen gekommen war. Nikolaus Heidelbach, dem ich dies (bis auf den Teil mit der Sonne von Mexiko) vortrug, sagte, seitdem er in der Kulturkirche Köln Nippes für den lampenfieberkranken Ralf König eingesprungen sei, der sich außerstande gesehen habe, eine Feierstunde für Bernd Pfarr zu gestalten, könne er das; er wisse sogar schon einen Titel für die Serie: »Heidelbach stellt Sachen vor – hundertmal«. Ich käme dann ganz zufällig dazugeschneit (wie Paul Auster bei einem Feature über Siri Hustvedt: »Ach, du hast das Fernsehen da, Liebes?«) und würde erzählen, wie ich mal im La Paloma auf St. Pauli bei Francis Ford Coppola auf dem Schoß gesessen hätte und Chlodwig Poth nur zwei Tage später in Frankfurt auf meinem, und mit etwas mehr Koordination

---

* *Anna Poth (geb. Krause)*

hätten wir alle drei aufeinandergesessen – und vielleicht noch Ingomar von Kieseritzky als Sahnehäubchen obendruff. (Chlodwig hat sich übrigens mal sehr herzlich für meine unschätzbare Hilfe bedankt. »Wobei denn?« habe ich gefragt. »Du hast gesagt: ›Schreib du doch deinen Scheißroman selber‹, und genau das habe ich gemacht. Nochmal vielen Dank.«) Und Euch Göttinger Gönnern habe ich Chlodwigs letztes Wort an mich zu verdanken. Er schob seine Anna an uns vorbei und sagte trotzig: »Wir gehen Apfelkuchen essen.« Zwanzig Meter weiter drehte er sich noch einmal um und schrie präzisierend: »Gedeckten!« Und nun sei, zusammen mit Deiner schönen Gefangenen, herzlich gegrüßt.

Dein Harry

Liebe Tatjana K.: 13-5-10

Wenn Sie nicht geschrieben hätten, daß es nicht mit Feder-
halter war, wäre ich nie darauf gekommen.

Wollen Sie wissen, wie es weiterging? Unspektakulär, to
say the least. In Schwäbisch Hall hatte ich endlich die Fah-
nenkorrektur Vonnegut, *Ein dreifach Hoch auf die Milchstraße!*
(allen Ernstes abgelehnte Geschichten) fertig gelesen und bei
der – schwangeren – Hôtelwirtin hinterlegt. Die hatte darauf
bestanden. Ein Hochgenuß, nicht in der Eisenbahn und auf
den Knien Korrektur zu lesen. Beschlossen, zwei Stunden früher nach Darmstadt weiterzufahren, und einen wunderbaren
Taxifahrer gehabt, der wissen wollte: »Heilbronn?« und mich
zum richtigen Bahnhof fuhr, mir die richtige Richtung sagte,
sowie: »Noch genug Zeit, eine zu rauchen.« In Heilbronn bin
ich umgestiegen, ohne von der Bahnhofsmission angefallen zu
werden, inkognito durchgewitscht, und in Heidelberg habe
ich mir wollüstig Zeitungen gekauft: Zeitung lesen, nicht
Korrektur! Wie ein echter Reisender! Auf dem langen Weg
vom Bahnhof zum Hôtel fiel mir in Darmstadt, das ist das
Gute, wenn man zu Fuß unterwegs ist, an einem Verteilerkasten ein Plakat auf, auf dem es dreisprachig hieß: »LONG LIVE
THE 1st OF MAY! ÜTSCHLÜK BÜTSCHLÜK 1. MAI!
ES LEBE DER 1. MAI!« Dazu ein stark verkleinertes Riesen-
gemälde im Stil des Sozialistischen Realismus, mit revolutio-
nären Werktätigen, die sich durch die Straßen wälzen, Banner
und Losungen tragen, agitierend, teilweise, wie am Spieß. Ich
war in die Knie gegangen, um all die Pracht zu bestaunen,
und sah, daß – einmal oben, einmal rechts unten – seltsamerweise auch zwei Kirchlein abgebildet waren, eins sogar mit an-

gedeutetem Zwiebelturm. Links auf dem Bild eine Innenansicht, ein Riesensaal, und hinten auf dem Podium ein Spruchband, rot, mit weißer Schrift, winzig klein, aber natürlich riesengroß: »ES LEBE DER 1. ÖSTERREICHISCHE BETRIEBSRÄTEKONGRESS!« Da war auch das geklärt. / Am nächsten Morgen, auf dem Rückweg zum Bahnhof, andere Strecke, Ehrensache, an einem anderen Verteilerkasten das gleiche Plakat. Nochmal abschiednehmend in die Knie gegangen und weil diese schöne Entdeckung für mich allein zu gewichtig war, einen des Weges kommenden mitteljungen, leicht verkatert, also verständig wirkenden Mann darauf hingewiesen: »Haben sich die Türken einfach das österreichische Prachtgemälde unter den Nagel gerissen.« Er, auch nicht faul, versetzte: »Wäre nicht das erste Mal, daß die Türken versuchen, sich Österreich unter den Nagel zu reißen.« Ich, hin und weg: »Sehr treffend bemerkt, *Sir*!«

Sonst war eher nix.

Leben Sie bitte ebenfalls lange, seien Sie bitte ebenfalls glücklich!

Ihr Harry Rowohlt

Lieber Dietmar: 15-5-10

Bevor es gleich nach Cuxhaven geht und alles gar nicht mehr wahr ist, noch rasch eine kleine Ergebenheitsadresse. Vielen Dank, Mensch!

Ich hatte am nächsten Morgen beschlossen, zwei Stunden früher nach Darmstadt weiterzufahren, was mir von einem wunderbaren Taxifahrer ermöglicht wurde, der den richtigen Bahnhof zur richtigen Zeit in Richtung Heilbronn wußte (und darüber hinaus seine ganze Kraftdroschke voller Abraum hatte, was mich ebenfalls für ihn einnahm). Und in Heidelberg habe ich mir, weil ich in Schwäbisch Hall mit Korrekturlesen fertig geworden war, beim Umsteigen inbrünstig ZEITUNGEN GEKAUFT! Wie ein Reisender Zeitung gelesen statt Korrektur! (Im Cuxhavener Ringelnatz-Museum hängt eine geerbte Dauerleihgabe von mir, ein herzallerliebstes betrübtes Ungeheuerchen. Das werde ich nachher begrüßen: »Na, du herzallerliebstes betrübtes Ungeheuerchen?« Da wird es Augen machen.) (Und der Besuch der alten Dame auf der Freitreppe läßt mich nicht los. Ich habe mir an der Hôtelrezeption den Demnächst-auf-diesen-Stufen-Leporello gekrallt und staune immer noch, was menschlicher Geist alles vermag. Mein Angebot steht. Der antike Chor sagt: »WEHE!« und fällt die Treppe runter. Und wir reden nicht mehr drüber.)

Etwelche Pressestimmen bitte ich, mir scho-nungs-los zukommen lassen zu wollen.

Mit einem herzlichen »Iiii, Linkshänder!«

Harry

AUF EINE ANFRAGE DER DVA

Liebe Frau K.: 3-6-10

Da ich kein Autor, sondern nur belletristischer Übersetzer und, na schön, Kolumnist bin, kann ich keine Eitzes über das Schreiben geben –, nur zehn Goldene Regeln für angehende junge Autoren, die mich immer wieder fragen, was sie anstellen müssen, um veröffentlicht zu werden (natürlich meist/immer mit dem Hintergedanken, daß ich ihren Mulm eilig in meinem Verlag herausbringen werde).

1. Machen Sie's
2. wie ich.
3. Ich schreibe
4. nur auf
5. Bestellung
6. und brauche mir dann
7. um die Veröffentlichung
8. keine Sorgen
9. zu
10. machen.

In der festen Annahme, Ihnen weitergeholfen zu haben, schönen Gruß!

Harry Rowohlt

AN DEN DRESSLER VERLAG*

Liebe Astrid M.:   12-6-10

Jaja, das kann man alles lassen. Danke für die Vereinheit-
lichungen!!! Aus Bochum (ausverkauft), Herne (40 Leute)
und Lüdenscheid (Triumph! Triumph! Triumph!) bin ich
LÄÄÄÄÄÄNGST wieder zurück. Aus Köln auch.
    Siggi Seuß hatte im DeutschlandRadio gemeint, »Raffhau-
sen« hätte es wohl besser getroffen als Bad Dreckskaff, und
gestern in der Eisenbahn ist mir plötzlich eingefallen, *was* er
gemeint hat, weshalb ich ihm heute bereits ein zierliches Post-
kärtchen c/o Sender geschrieben habe:

> LIEBER SIGGI SEUSS:
> WENN ES »GRABTOWN« GEHEISSEN
> HÄTTE, WÄRE »RAFFHAUSEN« GANZ
> TOLL. ES HEISST ABER GRUBTOWN.
> UND WIEDER SINKT EIN EXPERTE
> GETROFFEN ZU BODEN.
> SCHÖNEN GRUSS! Harry Rowohlt

Auf der Vorderseite des Postkärtchens der unsterbliche Spruch
des großen Thomas Kapielski: »Ein Tag ohne Bier ist wie ein
Tag ohne Wein.«

Meine Billigungen (erst schwarz, dann rot) habe ich rein-
gemalt. Und schönen Gruß!!!! *Harry Rowohlt*

---

* *zu einer Rezension von Philip Ardaghs Reihe »Geschichten aus Bad
Dreckskaff«*

AN EINE VERANSTALTERIN

Liebe Diana L.:   19-6-10

Bevor alles längst nicht mehr wahr ist, noch rasch eine Ergebenheitsadresse.

Vielen Dank! Es war wunderschön in Bamberg!! Am nächsten Tag in Salzburg war ich zwar entsprechend übernächtigt (hatte auch, was ich merkte, als zwei Nonnen zustiegen, vergessen, Perso einzustecken; bei Diakonissen wäre mir das nie eingefallen), habe das Publikum aber trotzdem weidlich gerockt (wozu auch, glaube ich, Alissa Walser als Vorgruppe beitrug; wie ich immer sage: »Nur Minderbegabte und Schwervermittelbare müssen den väterlichen Laden übernehmen.«). Außerdem hatte ich in Salzburg das kleinste Hôtelzimmer meiner gesamten Tinglerlaufbahn –, so groß wie ein umgekippter großer Kleiderschrank, plus Telefon kaputt und keine Minibar (wo auch?), und schräg gegenüber vom Veranstaltungsort ein italienisches Restaurant, aus dem ich in den frühen 90er Jahren rausgeflogen bin, weil ich nach Tabasco gefragt hatte. Wenn ich also die Wahl zwischen Bamberg und Salzburg habe, ist das eine klare Ansage. (Immerhin hat sich anschließend niemand hinter Popcorn-Automaten versteckt, und außerdem gibt es in Österreich nur salziges Popcorn. Man nennt das Kultur.) Schönen Gruß!!!

Harry

AN EINE VERANSTALTERIN

Liebe Marina W.:   20-6-10

Nochmal, bevor alles längst nicht mehr wahr ist, VIELEN
DANK FÜR DAS SCHÖNE LANGENDREER!!!! (In Herne
waren nur 40 Leute da –, aber drei davon mit St.-Pauli-Trikot,
mehr als in Hamburg Altona. Dafür ist dann Lüdens'keid geschlossen hingegangen. Und wenn Du je bei Google Street-
View Köln Bocklemünd anklicken solltest, kannst Du mich in
der *Lindenstraßen*-Dekoration schlafen sehen. Das nennt man
Method Acting, von Stanislavski im Actors' Studio begründet,
und ist ganz selten: Wenn jemand, der einen Schlafenden dar-
stellen soll, tatsächlich schläft.) Und schönen Gruß an das vorbildliche Bahnhofskollektiv!

Harry

AN EINEN VERANSTALTER

Lieber Reiner M.:   20-6-10

Auf dem Weg zurück ins Hôtel (in der Nacht vom 2. auf den
3. Juni war das; nur zur Erinnerung) schloß sich mir ein Mann
an, der mich nochmal gesondert rügte, weil ich nicht mehr
saufe, angesichts einer riesenhaften Harley-Davidson sagten
wir unisono: »Das ist vielleicht 'ne Immobilie«, und so schie-
den wir im besten Einvernehmen.

Nochmal vielen Dank für das schöne Rostock! Inzwischen
habe ich die Pressestimme aus *Rostock heute* bekommen und
verblüfft festgestellt, daß sich ja doch jemand amüsiert hat.
(Dörte, die aus Rostock stammt und immer ganz laut und ganz
lange – aber nie grundlos! – lacht, sagte ich, die Rostocker hätten wenig, leise und kurz gelacht, und sie warnte sofort, das
dürfe man nicht verallgemeinern. Nächstesmal nehme ich sie
mit.)

Schönen Gruß an das gesamte vorbildliche Literaturhaus-
Kollektiv! Ihr betreibt wirklich das schönste und benutzer-
freundlichste Literaturhaus, das ich kenne.

Harry

Lieber Herr Dr Jung: 20-6-10

Bevor alles längst nicht mehr wahr ist, möchte ich mich noch
einmal für das vorbildliche Salzburg bedanken, bei Ihnen und
bei den wunderwunderwunderbaren Damen (von denen mir
mit Namen natürlich nur noch »Frau Diplomkaufmann Gürt-
ler«, wie ich sie der Einfachheit halber intern nannte, präsent
ist) (und der anderen bitte ich ausrichten zu wollen, daß am
10. Juni, als hier Straßenfest war, Klaas Voigt, der Frontmann
von Eight To The Bar, als wir, Helden des Tourneebetriebs,
die wir sind, Erfahrungen austauschten, versonnen sagte: »Bad
Zwischenahn … Nirgends sonst gibt es eine solche Varia-
tionsbreite an Seniorentellern …«)!!!! – In München habe ich
mich dann prompt in meinem Hôtelzimmer verlaufen. Soll
mir eine Lehre sein.

Schönen Gruß! Hol fast!

Harry Rowohlt

VON JOCHEN JUNG

Lieber Harry Rowohlt,   am 22. Juni 2010

das hatte ich noch nicht: ein Autor dieses Kalibers, der sich nicht nur vorher, sondern auch hinterher noch einmal aufs netteste meldet und sogar bedankt. Wo haben Sie bloß diese Sitten gelernt?? Das hat ja geradezu baltisches Format!

Na ja, das Mare Balticum ist ja auch nicht fern von Ihnen. Habe mich jedenfalls sehr gefreut. Vielleicht bringt unser Tun uns ja auf diese oder andere Weise noch einmal zusammen. Das würde außerordentlich zupaßkommen

Ihrem Jochen Jung.

AUF EINE ANFRAGE VON 3SAT*

Liebe Monika Sandhack, lieber Armin Conrad: 5-7-10

»Kulturzeit« ist die einzige Fernsehsendung der ganzen Welt, die ich manchmal mit den Worten »Servas, Ernstl!« begrüßen kann.

Harry Rowohlt

---

* *zum 15. Geburtstag der »Kulturzeit«;* HR *bezieht sich auf den Moderator Ernst A. Grandits*

AN KLAUS WAGENBACH ZUM 80. GEBURTSTAG

Lieber Genosse Klaus: 8-7-10

Du bist nicht nur die nebbich dienstälteste Kafka-Witwe, der einzige deutsche Verleger, der schreiben kann, und der erfolgreichste Unternehmer Deutschlands –, sondern auch einer der ganz wenigen Menschen, bei deren Anblick mir zuverlässig das Herz aufgeht.

Dein Harry

Es hilft nichts, bei einem so herzerwärmenden Gruß muß ich Dir erzählen, daß ich am Tag, als er eintraf, auf dem Weg nach Pitigliano war und zum wiederholten Mal (Wunsch meiner Tochter) den Geburtstag von I A hörte, passend zu meinem, denn ich stehe vor einem riesigen Haufen von Grüßen, für die der Topf zum Reintun von Sachen wohl nicht gereicht hätte, da fiel mir, in der Gegend von Vetralla, ein, daß hier Alfred Andersch desertierte.

Das paßte alles gut zusammen: Deine Rückenstärkung, Pu mit seinem Topf, Andersch mit seinem Eidbruch und schließlich das Ghetto in Pitigliano, in dem sich die Juden buchstäblich in den Tuff eingegraben haben, es war der letzte Ort der freien Toscana, vor der Grenze zum widerlichen Kirchenstaat. So halte ich es auch und lungere noch ein wenig hier herum, lasse Dir aber von Berlin aus ein Exemplar meines Buches schicken, damit Du auch was zu lachen hast.

*Herzlich, Dein Klaus, Genosse i. R.**

*(kann aber aufgeweckt werden)

AN EINE VERANSTALTERIN

Liebe Kirsten: 30-7-10

Es ist genauso gekommen, wie ich gesagt hatte. Gar nicht mal so sehr schräg gegenüber von der Nichtraucherherberge hatte das India Gate bis 23:30 Uhr offen, und ich habe mir mit großem Genuß das Fisch-Vindaloo (sehr scharf) eingepfiffen, und es war tatsächlich sehr scharf, was sonst immer gelogen ist.

Das Ostseebad Binz kann ich nur empfehlen. Nirgends sonst fühlt man sich angesichts des verfetteten Gesindels, das sich allenthalben durchs Angebot wälzt, so fit und so rispenschlank. Entsprechend mau war der Besuch meiner Veranstaltung (wie, tröstete man mich, des gesamten Sommerfestivals). Immerhin schrieb die *Ostseezeitung*, ich hätte mein Publikum »wundersam verzaubert«. Schön, wenn ich mich vom Jurieren abwenden und aufs Kerngeschäft legen kann, des Verbreitens von Frohsinn gegen Geld.

Das ist übrigens gängige Praxis bei einheimischen Veranstaltern und wohlmeinend Besorgten: Man fährt den Referenten von einem längst geschlossenen Restaurant zum nächsten, bis die noch offenen auch dicht haben, also kein Grund zum Grämen.

Vielen Dank nochmal an Dich und Sophia und schönen Gruß an das vorbildliche Kollektiv!!!! An Dich nochmal gesondert, weil Du die tollen Begründungen herangekarrt hast!

(Noch rasch mein Lieblingserlebnis: Kleines Mädchen: »Mamma, was ist Bio?« <Mutter tut, als hätte sie die Frage nicht gehört.> Kleines Mädchen: »Mamma, was ist Bio?« Mutter: »Etwas Gespenstisches, Albtraumartiges.« <Kleines

Mädchen ist's zufrieden.> <Ich auch. Bevor ich einem Kind erkläre, was Bio ist, erkläre ich lieber notfalls, was ein Gespenst ist.>)

Und tschüs.

Harry

AN DIE »SALZBURGER NACHRICHTEN«

Lieber Bernhard Flieher: 4-8-10

Gestern hat mir mein Agent einen Klumpen Rezensionen geschickt, darunter auch Ihr »Interview« mit mir vom 29. Mai.

Ich habe nicht nur kein einziges Wort gesagt, das da steht, ich hätte es auch gar nicht sagen können. Ein einziges Beispiel.

Laut Ihnen habe ich gesagt: »Für Handy und Internet bin ich einfach zu blöde«, ich habe aber gesagt, was ich immer sage: »Für einen Computer bin ich leider zu blöd, für ein Handy glücklicherweise nicht blöd genug.«

Den allermeisten Print-Journalisten ist es physisch unmöglich, wörtlich zu zitieren, was man ihnen gesagt hat. Gehäuft wirken solche »Interviews« irgendwann ruf- und damit geschäftsschädigend.

Auf der Seite 1 der *taz* war mal ein von vorn bis hinten eingerötetes Interview mit Oskar Lafontaine abgedruckt. Der hatte nicht gewollt, daß abgedruckt wird, was er gesagt hat. Ich will nur, daß abgedruckt wird, was ich gesagt habe, egal, wie dürftig es ist.

»Er mag Journalisten angeblich nicht besonders«, schreiben Sie über mich. Ich bin selber Teilzeitjournalist, noch dazu mit der seltenen Gabe, Menschen zu interviewen und ihre Aussagen unentstellt wiederzugeben. Für Sie dagegen gilt, was Sie wenige Zeilen weiter unten über die Gummistiefel-Tussen schreiben: »Was ist, ist ihnen recht wurscht.«

Und 66 Jahre alt war ich auch bisher noch nie.

Schönen Gruß!

Harry Rowohlt

AN NIKOLAUS HEIDELBACH

Lieber Nikolaus: 15-8-10

Keine Angst; ich möchte mir nur ganz kurz huldigen lassen.
   Weißt Du, was ich vorgestern nacht ins Gästebuch von Albert »Ali« Schindehüttes Schauenburger Märchenwache geschrieben habe? Siehst Du, das weißt Du nicht. Ich habe vorgestern nacht in Albert »Ali« Schindehüttes Schauenburger
Märchenwache folgendes ins Gästebuch geschrieben:

AUTOBIOGRAPHISCHE REMINISZENZ
BEVOR ICH BUNDESWEHRCHEN MACHE,
SCHIEB' ICH LIEBER MÄRCHENWACHE.

Sonst nichts weiter. Zur Zeit Auflösung örtlicher Frühnebel,
aber alles in geordneten Bahnen.

Harry

AN DEN »EULENSPIEGEL«

Sehr geehrter Herr Röhl: 23-8-10

Seit vielen Jahrzehnten lese ich mit Genuß Ihre Beiträge im
Eulenspiegel –, diesen allerdings eher selten, wenn ich durch
ganz viel Eisenbahnfahren den *New Yorker* durchhabe –, und
bevor ich mir in der Bahnhofsbuchhandlung einen Bestseller
kaufe ... Schätzing ... Schlink ... Alles schon vorgekommen.
   Manchmal, viel zu selten, verschlägt es mich auf den S-Bahnhof Sternschanze mitsamt seinem kommunistischen Bahnsteigs-
kiosk, aus dem regionalbedingt gelegentlich die Chefin geschossen kommt: »Verätzt hier nicht mit euerm Scheiß-Stoff
mein schönes Resopal, ihr Koksnasen!« Und da kaufe ich mir
dann auch den *Eulenspiegel*, was mir ein beifälliges »Ma wieder
orntlich ablachen?« einbringt.
   Ja. Vielen Dank. Freut und ehrt mich sehr.

Ihr Harry Rowohlt

<Dieser Brief ist, weil ich zu blöd für einen Computer bin,
leicht pastos, wegen Tipp-Ex Flüssig, und etwas eingesaut,
weil die Farbbandkassetten von Drittweltleichtlohnbeziehern
zusammengeschraubt werden und deshalb mal so und dann
wieder so ausfallen. Die aktuelle Kassette staubt.>

Dear Andy Stanton, September 8, 2010

just *got* to tell you this. A friend, a lady bookseller, is used to organising erotic readings, and after one of those, for the sheer heck of it, she added some passages from »You're A Bad Man, Mr Gum!« And sold copies of it like hotcake, or postage stamps at the GPO on O'Connell Street, or sliced bread if you prefer.

I said, »So the poor shmucks go there in order to clandestinely jerk off onto the floor and all they get is excerpts from a childrens' or non adults' book.« (Actually, I said, »… shake it from the palm tree«, which my friend reprimanded me for as being too graphic. I countered that neither *to shake* nor *palm tree* was offensive, that she put it all together in her own little dirty head, plus it was a quotation from a letter Flaubert had sent to Turgenyev <which might even be true, believe it or not>. Was *she* red in the face.)

I finished translating *Power Crystals* last Saturday and I think I like it even better than the 1st three tomes. It's even more quotable, e. g., the abysmal remark about the pelicans with those built-in three periods (…) and the statement about what stories are really all about –, both excellent material for *ex cathedra* use.

By the way … Lingam … Strange name for a girl … Ah well.

None of my available Anglophones knew *roo de lallies*. It's one Scot, two Englishers, and one Texan. And a guy called Webster's. So I just translated it without knowing what it means.

Also by the way: It should be, »DA IST EINE KLEINE EULE HINTER DIR!« instead of »ES GIBT EINE KLEINE

EULE HINTER DIR!« »Es gibt eine kleine Eule hinter dir«
means that, in general, or rather especially on Wednesdays
from 2 to 4 a.m. a small owl tends to be behind you, so why
don't you just get used to it?

Enclosed you'll find a portrait of Mr Gum by my dear friend
Lukas (8), known as Lukas-the-Builder. Here Mr Gum looks
as if the Powers of Good had finally done him in, the ideal
neighbour, tax-payer, and fellow-human, for crying out loud.

Yours, enthused,

Harry-ze-Hun

VON ANDY STANTON

Dear Harry   4 October 2010

Thank you for your last letter. Two apologies:

1/ I apologise for not writing back sooner. I had to write about thirty letters to kids first, and as I am sure you know, kids *always* come first in these things. Every time I look at my inbox full of letters from young children, it breaks my heart to think there is an expectant child spiritually attached to each one, eagerly waiting for my reply ...

2/ There is no second apology, I just like making lists.

Thank you so much for detailing that very peculiar evening of Teutonic erotica which incorporated passages from *You're A Bad Man, Mr Gum!* As an enthusiastic palmtree shaker myself, I am pleased, privileged and baffled to find my work used in such a context. You lovely Germans will always be a source of delight and surprise to me. I'm glad you liked *Power Crystals*. When I wrote it I didn't like it much at all, and I was worried that it wasn't a very good one. But I've since written far worse ones and have re-evaluated it accordingly. In all truth, it takes me about a year after publication to even be half-happy with a book. What usually happens is that I come home drunk one night and pick up one of the books and start leafing through it.

»Oh, that's a good scene«, I think to myself, half-lost in an alcoholic fug. Or: »I like that transition, that's rather well handled. I bet I wouldn't be able to write that so well these days.«

Thus, over time, I gradually come to quite like even the books that I didn't think were too good at the time. I must admit that *Power Crystals* has been the one that has most grown in my estimation. I like the spookiness of the windmill and the structure of the story.

But ENOUGH of me being so pleased with myself. It is unseemly. It may interest you to know that there is a German lady on Twitter calling herself @mshoneydrop, who is a very big »Mr Gum« fan – and it's all down to you. Apparently she was at one of your readings last year and (I quote) »the audience was roaring with laughter«. She thinks you are quite the man. She also says:

I can confirm that H. Rowohlt has done an excellent job translating Mr Gum into German.

(She mentioned this a propos of nothing in particular. I wasn't interrogating her on whether or not your translation was any good. She just seemed compelled to submit this information voluntarily.)

Well, there we are. Thank you so much for your enthusiasm. I get so bored of myself that it comes as a very nice surprise that others are still enthusiastic.

Yours Sincerely
Andy S.

PS – I have enclosed a signed book plate for Lukas-the-Builder to stick inside his favourite »Mr Gum« book. Say hello from me!

PPS – »Roo-de-lally« isn't really a word. It is an adaptation of the nonsense word »Oo-de-lally« in the opening song in Walt Disney's movie *Robin Hood*. »Oo-de-lally« seems to function as a joyous exclamation; so I figured that »Roo-de-lally« would be a negative version of that. And further, that a horrible person could actually be a »Roo-de-lally«. I hope that clears things up (or not).

AUF EINE EINLADUNG NACH LEUKERBAD

Sehr geehrte Frau K: Nine-Eleven 2010

Alles, was Sie zugunsten des Literaturfestivals Leukerbad an-
führen, erfüllt mich mit Grausen. Mir graut vor gemeinsamen
Abendessen, mir graut vor Kasernierung, mir graut vor der
Aussicht auf Kurzkur, mir graut, und das ganz besonders, vor
den Alpen, überhaupt vor jeder Art von Sierra und hoch-
geklapptem Horizont. Ich verstehe meinen Job wie Lee Van
Cleef in »Per qualche dollaro in più«: Man reist unerkannt mit
der Eisenbahn an, erledigt den Auftrag, streicht das Kopfgeld
ein und reist unerkannt mit der Eisenbahn wieder ab, während
das »Er reist unerkannt wieder ab«-Thema von Ennio Morricone aufbraust.

Serhij Zhadan dagegen (dessen Roman *Depeche Mode*
ich auf CD zu labern das Vergnügen hatte) bitte ich, meine
Affiziertheit zu Füßen legen zu wollen.

Schönen Gruß und vielen Dank!

Harry Rowohlt

AN EINEN FAN

Lieber Genosse K: Nine-Eleven, 2010

Nein, ich kann gar nichts auswendig, ich bin doch kein Dichter, der seine Werke auswendig kann und nur so tut, als läse er, ich nicht.

Tut mir leid, daß ich Sie nicht erkannt habe in der 1. Reihe. Morgen gehe ich zu Georg Kreisler, dem ich im Hamburger Literaturhaus schon mal von der 1. Reihe aus die Leselampe angeknipst habe. Der wird mich auch nicht wiedererkennen.

Nein, ich bin mit den Mareceks keinen zwitschern gegangen, weil a) ich seit (einschließlich) dem 26. Juni 2007 stramme Ethanolkarenz schiebe, und weil b) in der angepeilten Kneipe Betriebsausflug war, so daß ich den Mareceks später ein Buch mit der handschriftlichen Widmung

> Viel schöner als Bachmann, Celan und Huchel
> Ist's bei Christine und Heinz in der Kuchl.

schicken konnte.

<In der Buchhandlung Graff in Braunschweig habe ich ins Gästebuch geschrieben: »Thalia ist für Ochs und Aff; / Menschen kaufen nur bei Graff«, doch dies nur a parte.>

Ja, dann werden wir mal sehen. Schönen Gruß!

Harry Rowohlt

AUF EINE ANFRAGE DES »FREITAG«

Lieber Jan Pfaff: 12-9-10

Das ist seltsam. »Warum mir die Einheit am Arsch vorbei-
geht?« dachte ich, »gute Frage. Aber die Einheit geht mir doch
gar nicht am Arsch vorbei. Gleichwohl habe ich mir noch keinen einzigen zitierenswerten Gedanken darüber gemacht. Also
geht sie mir am Ende vielleicht doch am Arsch vorbei?« Eben,
beim Brötchenholen, sang ich, klar, »Joe Hill« vor mich hin,
dachte an Joan Baez, und …
    … hier ist nun mein Beitrag.

Warum mir die Einheit egal ist
Wenn ich den Namen »Angela« lese, ergänze ich
immer noch blitzschnell »Davis« und nicht »Merkel«.
Na ja. Waren schließlich beide in der FDJ eine ziemliche Nummer.

Schönen Gruß nach Berlin (wo ich vorigen Montag auf der
IFA genau 97 Autogramme gegeben habe. Nachmachen, ey),

Harry Rowohlt

Betreff: Lob und Kritik für Ihr Buch   17.10.2010
Gottes Segen und Rot Front

Sehr geehrter Herr Rowohlt,

insgesamt finde ich die deutsche Sprache schwer, vielleicht ist diese eher geeignet für wissenschaftliche Arbeiten als für eine Unterhaltung. Daher empfinde ich Ihren Schreibstil, mit dem Sie der deutschen Sprache eine gewisse Leichtigkeit gepaart mit Schlagkraft verleihen, als eine Bereicherung. Ähnliches kann man sicherlich Ihren Vorbildern Kurt Tucholsky und Alfred Polgar auch bescheinigen.

Leider war ich trotz aller Sympathie für Ihre Person relativ verwirrt bis verstimmt, als ich in Ihrem Buch den Brief an Werner Loewe gelesen habe, in dem Sie Ihr Zusammentreffen mit Helmut Schmidt schildern. Der Grundton des Briefes (wie »er bellte«, oder Ihre Anmerkungen über seine Körpergröße) gegenüber einem alten Staatsmann finde ich, milde ausgedrückt, respektlos.

Es ist nicht so, daß man Helmut Schmidt nicht kritisieren darf oder sich über ihn lustig machen kann. Aber warum diese fast an Haß grenzenden Anmerkungen über einen 90-Jährigen, die Sie über Ihr Buch verteilt haben.

Sie schreiben schon seit längerem für die *ZEIT*, wo Helmut Schmidt Mitherausgeber ist. Mich würde interessieren, ob Sie dort am Anfang Rede und Antwort stehen mußten, ob Sie gedient hätten, und wie weit die *ZEIT*-Redaktion sich in die Inhalte Ihrer Artikel dort – sozusagen in Ihre freie Meinungsbildung – je eingemischt hat.

In Ihrem Buch *Der Kampf geht weiter* hatte eine Leserin halb weinerlich beklagt, daß die Leute, die gut schreiben können (in Anlehnung an Fr. Mikula »c'est toi«), oft sehr grausam sind. Vielleicht hatte sie ja doch recht :-?

Ich kann Ihnen leider keine »Kampfesgrüße« in Ihrem Kampf gegen das »Establishment« senden, dafür aber:

Herzliche Grüße aus Münster

F. K.

AN DEN LESER F. K.

Davon abgesehen, daß Kurt Tucholsky und Alfred Polgar nicht meine »Vorbilder« sind – Tucholsky war mein Trost, und Polgar war mein Freund –, ist schiere Langlebigkeit, sei's bei Menschen, sei's bei Schildkröten, für mich kein Grund, in Ehrfurcht zu verfallen. Das wäre eine Spielart des Rassismus wie der Jugendwahn.

Helmut Schmidt hat in seiner Zeit als Hamburger Innensenator unseren geliebten Hausarzt Prof. Dr Kurt Gröbe, Hamburger Spitzenkandidat der Deutschen Friedens-Union (DFU), durch jeweils zwei Staatsschutzbeamte schikanieren lassen, die unten an der Haustür standen und Patienten, nachdem sie die übelsten Verleumdungen vorgebracht hatten, woandershin schickten. Was freilich im roten Hamburg kontraproduktiv war und sehr zum Florieren seiner Praxis beitrug. (Ferner haben die Genies aus Schmidts Abteilung jahrelang die Telemann-Gesellschaft bespitzelt, bis sie enerviert aufgaben, weil der Code nicht zu knacken war: Ständig ging es um »Musik« und »Dominantseptakkorde«.)

Helmut Schmidts Körpergröße erwähne ich, weil ich einen Schreck gekriegt habe, wie klein er ist. Nicht ohne Grund ging, fiel mir dabei ein, Loki bereits in der Schule auf jeden los, der ihn mit seinem Spitznamen »Schmiddel« benannte.

Nein, ich brauchte nicht Rede und Antwort zu stehen, ob ich »gedient« habe, weil Schmidt erstens mit seiner Forderung nicht durchgedrungen ist, weil ich zweitens weder fester noch freier Mitarbeiter bin, sondern nur pro Beitrag bezahlt werde, und drittens bin ich sowieso als »Ersatz-Reserve II« (= Krüppel) ausgemustert.

In meine »freie Meinungsbildung« hat sich die *ZEIT*, soweit ich sie las und lese, durchaus eingemischt, in meine freie Meinungsäußerung dagegen nie. Und hätte sie es doch getan, würde ich es nicht weitererzählen.

Noch rasch zwei vorgezogene Postskripta.

P. S.: Schwer ist die deutsche Sprache wohl in der Tat, hauptsächlich, weil – wie bei Farsi – das Verb immer erst am Schluß kommt, so daß der Hörer, sobald ein Deutscher – oder Iraner – das Wort ergreift, den Raum verläßt, etwas später zurückkommt und fragt: »War inzwischen was?«

P. P. S.: Ich habe ganz allgemein keinerlei Vorbilder. Der große Sergio Leone hat gesagt: »Nur von schlechten Regisseuren kann man was lernen.« Wenn man etwas gut findet, bringt es gar nichts, dem nachzueifern, aber was man nicht gut findet, kann man wenigstens vermeiden. Deshalb habe ich nur neun Fahrstunden bis zum Führerschein gebraucht: Ich hatte erlebt, wie meine Mutter Auto fuhr, und wußte, was zu unterlassen war.

Ich grüße Sie sehr herzlich!
Harry Rowohlt

P. P. P. S.: ... außerdem, sehr geehrter Herr F. K., sprach, redete, schwatzte, plauderte, schnatterte, gackerte, babbelte, quasselte, quatschte, näselte, brabbelte, lallte, blubberte, nuschelte oder kläffte Helmut Schmidt nicht, nein, er bellte, weshalb ich geschrieben habe, daß er bellte. Nicht ohne Grund nannte ihn die Frankophonie einst »le feldwebel«.

Schönen Gruß nochmal,
Ihr Harry Rowohlt

P. P. P. P. S.: Außerdem habe ich das Establishment nie bekämpft –, also nicht, daß ich wüßte. D. O.

FAX AN THOMAS GSELLA

Lieber Thomas: 26-10-10

Ja, das war eine bodenlose Dreistigkeit, Ungezogenheit, Unverschämtheit, Unverfrorenheit, Impertinenz, Derbheit, Grobheit, Rüpelei, Krudität, Unbelecktheit, Unhöflichkeit, Unzartheit, Unliebenswürdigkeit, Unfreundlichkeit, Schroffheit, Barschheit, Bündigkeit, mit der Du mich nicht zum Hôtel begleitet hast. Nächstesmal möchte ich mir etwas mehr Zuvorkommenheit, Bereitwilligkeit, Gefälligkeit, Dienstwilligkeit, Freundlichkeit, Verbindlichkeit, Artigkeit, Unterwerfung, Bereitschaft, Geneigtheit, Willigkeit, Neigung, Liebenswürdigkeit, Höflichkeit, Nettigkeit, Beflissenheit, Dienstwilligkeit ausgebeten haben. Prompt habe ich mucksch kein einziges Gedicht aus *Nennt mich Gott* gelesen. Sondern, das hast Du jetzt davon, Zeitung. (Aber ernsthaft jetzt: Daß Du mich nicht zum Hôtel begleitet hast, habe ich erst gemerkt, als ich mich vor dem Hôtel Dalberg umdrehte und rief: »Ja, Mensch, Thomas, wo *bleibst* du denn wieder?!«)

Schönen Gruß und vielen Dank an das vorbildliche »Hofgarten«-Kollektiv!!! Und nur so einen schönen Gruß an Ursula, Rosa und Emilia. Und an Dich.

Dein Harry

AN EINE VERANSTALTERIN

Liebe Christina St.: 26-10-10

Merzig war wirklich ganz was Besonderes. Erstens habe ich zum erstenmal in meinem Leben fritierte Sushi gegessen (das waren die von gestern; die waren schließlich noch gut; sowas schmeißt man doch nicht weg), und zwar, wennschon, dennschon, mit Bratnudeln (Sushi ist sowas Gutes; Bratnudeln sind sowas Gutes; wie gut muß dann erst Sushi mit Bratnudeln sein; korrekt). Zweitens gab sich mir beim Signieren in der Pause Lola zu erkennen, ein Mädchen, das am 9. Juli auf der Buchhändlerschule in Seckbach bei Frankfurt/Main mit anderen ihres Kurses mit mir die Durchführung einer Dichterlesung eingeübt hatte. Die für mich zuständigen Kinderchen hatten weißblau gestreifte Kleidung getragen, damit ich wußte, wer für mich zuständig war, und wenn ich träumerisch sagte: »Ein Stück Kuchen und ein Milchkaffee wären jetzt nicht schlecht«, rannten sie alle los. »Meine gestreiften Kohorten« nannte ich sie stolz und sagte: »Ich komme mir zunehmend vor wie Hauptkommissar Strobel in ›Adelheid und ihre Mörder‹, der über seine beiden schlurfigen Assistenten sagt: ›Ein Wort von mir, und sie werden zu willenlosen Kampfmaschinen‹«, weshalb ich Lola in ihren *Pu* schrieb:

FÜR

LOLA,

MEINE WILLENLOSE KAMPFMASCHINE.

Während des gesamten Vorgangs strahlte ihre kleine Schwester Polly nicht minder, weil sie Polly heißt, genau wie die Heldin der Kinderbücher von Andy Stanton. Drittens die kleine Abseite aus schwarzem Tuch, die muckelige Künstlergarderobe mit Tisch, zwei Stühlen und einem Sessel und Aufschnitt und Käse auf dem Tisch, sowie, jetzt kommt's, einem Grablichtlein und einer Ranke, um nicht zu sagen: Rispe »hochnäsigen Efeus« (Flann O'Brien), damit ich alles so vorfinde, wie ich es von zu Hause gewohnt bin. Am liebsten hätte ich Führungen veranstaltet, aber die Zeit, die Zeit, sie drängte. (Daß die einzige weibliche Ü-Wagenbetreiberin der Rundfunkgeschichte sagte, »normalerweise« mache sie bei literarischen Veranstaltungen immer den Ton aus, erwähne ich aus Bescheidenheit gar nicht.)

Und am nächsten Morgen durfte ich feststellen, daß man in der Merziger Bahnhofskneipe rauchen darf, so daß ich mich vollends fragte, warum ich jetzt nach Aschaffenburg, Tuttlingen und Mainz muß. Da war es dann aber auch sehr schön. (Nur daß mich in Mainz ein Interviewer, der ganz offensichtlich im falschen Film war, fragte, was ich von Ambrose Bierce halte und ob ich nicht zusammen mit Götz Alsmann auftreten will? Und daß meine Stalkerin, Gertrud aus Heppenheim, da war, die aber glücklicherweise von einer Freundin der Buchhändlerin, die – die Freundin, nicht die Buchhändlerin – vier Jahre gesessen hatte und sowas kann <»Abbä nix Politisches, isch bin Väbräschä!«> rausgeschmissen wurde –, zweimal, einmal im Guten und dann nochmal richtig doll.)

Ja. Vielen Dank. Schönen Gruß an Steven. Merzig. Zeltpalast. Kann man nur empfehlen.

Ihr Harry Rowohlt

AUF EINE ANFRAGE VON 3SAT

Lieber Sigi: 31-10-09

Vor vielen Jahren habe ich mal ein *SPIEGEL*gespräch geführt, zu dem ich auch schon keine Lust hatte –, um den Medien sagen zu können, daß ich außerhalb der *Lindenstraße* nicht ins Fernsehen gehe, aber weil nur Printmedienmenschen Printmedien lesen und Fernsehschaffende offenbar nicht lesen, hatte das überhaupt keinen Sinn. Aber weil Du's bist: Jan-Philipp Reemtsma war jahrzehntelang kamerascheu, dann wurde er eitel, und kaum war er drei-, viermal im Fernsehen zu sehen gewesen, schon wurde er entführt, und solang Burda mich als Millionenerben bezeichnet (und auch weil ich bereits allgegenwärtig genug bin), gehe ich außerhalb der *Lindenstraße* nicht ins Fernsehen. Außerdem gibt es an belletristischen Übersetzern nichts zu filmen. An mir nicht und an anderen auch nicht. Ich sitze am Schreibtisch und tippe. Hin und wieder gehe ich pinkeln oder schlage was nach. Nicht mal Musik höre ich dabei. Und wenn ich was anderes mache, ist das was anderes und hat nichts mit belletristischem Übersetzen zu tun. Und wenn ich *mal* zu Hause bin und übersetze, dann will ich ausgerechnet dabei bestimmt nicht gefilmt werden. Wie schön, daß Du das verstehst. Schönen Gruß!! Vielen Dank, daß Du an mich gedacht hast!!!

Harry

AUF EINE ANFRAGE VON »TV MOVIE«*

Liebe Katja Sch.:   3-11-10

Vielleicht sollte man hinter Kaspar Heidelbach in Klammern zwei, drei seiner bekanntesten Regiearbeiten nennen (*Lengede, Nie wieder 2. Liga!, Die Katze*), checken, ob Witt (den ich immer nur »Peter« nenne; deshalb weiß ich das nicht) wirklich *Claus* und nicht doch *Hans* Peter Witt heißt (und in Klammern auf jeden Fall *Die Gentlemen bitten zur Kasse*). Ob Herwig Fischer sonst noch was außer den *Anrheinern* gemacht hat, weiß ich nicht.

So, jetzt sehe ich mir »Die Sterne« an; da weiß man, was man hat.

Schönen Gruß!

Harry Rowohlt

Der Fernsehregisseur Kaspar Heidelbach hat gesagt: »Die Vorurteile gegenüber Schauspielern treffen zu allerhöchstens knapp 5 % zu«, was bedeuten würde, daß gut 5 % aller Schauspieler blitzgescheite, kollegiale, rundherum angenehme Mitmenschen sind –, und das trifft auf etwa 80 % des *Lindenstraßen*-Ensembles zu, man faßt es nicht. Die größte Leistung Hans W. Geißendörfers besteht darin, daß er diese Prachtbande gegründet hat, die auch nach Drehschluß nur ganz schwer auseinanderzuhacken ist.

Neulich habe ich aus Versehen im Café Bayer eine Messing-

---

* *zum 25-Jahre-Jubiläum der* Lindenstraße

zierleiste heruntergefetzt. Knut Hinz (Hajo Scholz) sagt, er war's. Ich frage ihn, warum er für mich die Schuld auf sich genommen hat, und er sagt: »Du bist noch neu, kennst dich noch nicht so aus.« Ich sage: »Ich bin jetzt seit fünfzehn Jahren dabei, ey.« Knut sagt: »Bei der *Lindenstraße* ist das ganz schön neu.«

* * *

In der Wohnung der beiden Lesben brennt's. Auf dem Dach steht ein Pyrotechniker und macht den Qualm. Gunnar Solka (der Friseur »Lotti«) ruft hinauf: »Das Leben ist schön! Wir können doch darüber reden!«

* * *

Der legendäre Regisseur Claus Peter Witt weiß genau, was er von seinen Schauspielern verlangen kann und was nicht. Einmal war ich dabei, wie er richtig hart Regie führte. Ich sagte: »Sag mal, Peter, wo ich sowieso gerade in Köln bin –, soll ich ein bestimmtes Gesicht machen?«

»Ja, Harry«, sagte er, »das ist eine gute Idee. Mach mal ein bestimmtes Gesicht.«

Da hatte er wieder Regie geführt.

* * *

Regisseur Herwig Fischer sitzt in seinem offenen Büro hinter dem Schreibtisch und spielt Gitarre. Ich: »Schulst du um?« Herwig Fischer: »Ich hab schon umgeschult. Auf Regisseur.«

* * *

Restaurant Akropolis. Jemand zieht Andrea Spatzek (Gabi Zenker) versehentlich den Stuhl weg, sie will sich setzen und schlägt übel mit dem Kinn auf die Tischkante. Das soll zwar später gestuntet werden, aber bei den Proben macht Andrea das acht-, neunmal so toll, daß ich zu ihr gehe und sie lobe. Hermann Joachim Luger (Hans Beimer) sagt: »Ja, sie war ja früher auch mal Schauspielerin.«

* * *

Wie Knut Hinz sagte: »Bei der *Lindenstraße* sind fünfzehn Jahre ganz schön neu.« Da ist mir um die Zukunft dieser nerven-zerfetzend alltäglichen Serie gar nicht bange.

Harry Rowohlt

AN EINEN VERANSTALTER

Lieber Christian H.:   13-11-10

Nochmal vielen Dank für alles!!! Und einen schönen Gruß an
die fabelhafte Einleiterin, und ich wäre durchaus bereit gewesen, mir eine Fahrkarte zu kaufen, sie hätte aber 2 Euro 40
gekostet, und passend hätte ich nur 2 Euro und vermischtes
Kupferzeugs gehabt, weshalb ich alles auf eine, äh, Karte
setzte, woraufhin auch prompt ein Kontrolleur kam, am heiligen Mittwoch. Ich zeigte ihm, als wär nix, meine Fahrkarte
Wien–München, sagte: »City+-Ticket«, und er sagte, was nun
auch wieder nicht nötig gewesen wäre: »Vielen Dank.« Anschließend noch gemütlich Kaffee getrunken, gar nicht wahr,
da bin ich in die Kempowski-Schleife geraten, anschließend
noch gemütlich mit dem Klappspaten Tofu mit Gemüse und
Reis gegessen, erst »Nachtmagazin« und dann, kopfschüt-
telnd, den Anfang von »Liebe 1962« gesehen: »Antonioni?
Monica Vitti? Sowas fanden wir mal gut?!« Jaja, dachte ich
weise, Modernes wird zuallererst unmodern. Fulda war dann
auch sehr schön, und jetzt bin ich wieder zu Hause …, wo
mir, zur Begrüßung, am Dammtorbahnhof, mein bekanntes
Mützchen vom Kopf geweht wurde, welches ich verhaftete,
bevor es – Stufe für Stufe – die Treppe zum CCH hochfaffelte.
Erst dann sah ich, daß mein Hackenporsche auf einem Rad pi-
rouettierte, bevor er endlich auf den Bauch fiel. Zu Hause die
üblichen Zumutungen abgelehnt, u. a. am 17.12. (das fand ich
besonders dreist) einem Dokumentarfilm über Vögel in Hamburg meine Off-Stimme zu leihen, wie es ja allgemein die stille
Übereinkunft gibt, wenn was ist, immer erstmal Harry zu fragen. Egal. Viele Grüße. Schön war's bei Euch. *Ihr HR*

AN IRENE FISCHER, KOLLEGIN BEI DER
»LINDENSTRASSE«

Fiete?   25-11-10

Ein länger zurückliegendes Erlebnis wurde plötzlich hoch-
gespült, welches in mir ein lokalpatriotisches Glimmen verur-
sachte, und ich möchte es mit Dir teilen.

Isemarkt, freitagmorgens. Ein sehr damenhafter Klopfer
steht vor mir beim Grünhöker, schwerstverkatert, noch mit
reichlich Restalkohol im Blut und immer noch im Abend-
kleid. Ihr ist offenbar jäh wieder eingefallen, daß sie ihrem
aktuellen Stecher eine Gemüsesuppe versprochen hat, und
jetzt kauft sie die Zutaten, SPD (Sellerie, Petersilie, Dill) und
Wurzeln (Mohrrüben). Der Grünhöker hat natürlich sofort
erfaßt, wie es um sie steht, und bedient die Klaviatur ihrer
Lärmempfindlichkeit.

> Klopfer: Und dann hätte ich gern noch Möhrchen.
> Grünhöker: EINMAL WURZELN!! SOLL ICH DAS
> GRÜNE DRANLASSEN??
> Klopfer: Ich weiß es nicht.
> Grünhöker: ICH MEIN', HAM SIE KARNIGGELS
> AUFM BALKON??
> Klopfer: Nein.
> Grünhöker: **WARUM NICHT?!?**

Und nu muß ich nach Cuxhaven, ins Ringelnatz-Museum,
Leihgaben (4) besprechen, Gedicht für's Fernseh aufsagen,
anschließend Lesung auf Schloß Ritzebüttel (schräg gegenüber), morgens nach Buxtehude, meinen alten Freund, den
Fetzer, beerdigen, dann nach Stade, lichtbringerisch, dann

nach Ahrensburg (mit Frank Schulz), dann schlappen Sonntag, dann nach Neustadt (Holstein). Und dann? Dann immer so weiter. Schönen Gruß! Auch an Probstn und die Kleene!

Dein Harry

Dear Padgett, me ould chum – Dec 10, 2010

am at it again. I met your graceful agent at the Frankfurt Fair, she interviewed me about the soccer game Germany vs. Turkey that was taking place on the same night, and I replied, »All our Turks are playing for Turkey, and we're stuck with the Blacks and the Fags«, and she yelled, »STOP IT IMMEDIATELY! YOU SOUND EXACTLY LIKE PADGETT!!«

Luckily, I'm able to answer the question about ball bearings on page 14. Ball bearings make me nervous. Whenever our new neighbors on the floor above ours flush their toilet I say, »They've been crapping ball bearings again.«

So watch out for that GIANT LIST OF INCOMPETENCE that'll hit you when I'm through. It's great fun, so far. I happen to dig questionnaires, especially when I'm not supposed to fill in any answers.

All the best,

Harry-ze-Hun

Jan 3, 2011

Cynthia Cannell faxed me your current address, so now I'll be able to mail this letter. By now, I'm feeling like one of those Country Music »Answering Songs«, »Yeah. Yeah. Nope. Depends. How the f@+# should I know. Me?!? Yeah. Well …« Now back to page 68. (This P.S. is much more P. than S..)
Harry

AN OLLI DITTRICH

Lieber, hochverehrter Olli: 8-12-10

Mein Agent fragt, ob ich vielleicht Deinen Agenten weiß,
weil die Firma Andrea Jung Entertainment Dich mit einem
Heino-Jäger-Programm nach Kiel ins Metro-Kino einladen
möchte –, wo es sehr schön ist und wo ich vorgestern, weil ich
keine Lust hatte, schon wieder was ins Gästebuch zu schreiben,
ins Gästebuch geschrieben habe:

> Diesmal schreib' ich nichts in Ki-hiel,
> Niente, nothing, rien und nihil.

Schönen Gruß an die schöne Bekannte!!!

Harry

AUF EINE ANFRAGE DES E. A. SEEMANN VERLAGS

Liebe Kirsten W.:   8-12-10

Ja. Wie gesagt. Ein ganz typischer Anschlußauftrag. Und wenn ich *etwas* nicht gebrauchen kann, sind das Anschlußaufträge.

Wenn ich etwas geschenkt kriege, finde ich das immer doof, denn wenn ich etwas noch nicht habe, bedeutet das, daß ich es nicht haben will, weil ich es sonst längst hätte, und wenn ich über etwas noch nicht geschrieben habe, bedeutet das, daß ich entweder nicht darüber schreiben will oder kann. Und was wäre, wenn ich doch etwas schriebe, und mir fiele nur so etwas Sterbensödes ein wie der Dalai Lama und die Fettecke?! (Außerdem hat, wie ich Ihnen gegenüber bereits zitierte, Robert Gernhardt vor einigen Jahrzehnten zu mir gesagt: »Dir kann man ja einiges nachsagen, aber nicht, daß du dich für Kunst interessierst.«)

Noch rasch eine Warnung aus der Erfahrung eines langen Lebens. Man hüte sich vor nicht-anglophonen Männern mit Mittelinitial! Die sind fast so schlimm wie Toupettträger!

Ich habe meine Leipziger Poëtikvorlesung wieder aus dem Tingelbüdel entfernt. Wissen Sie, was alle Veranstalter sagen, wenn ich frage, ob ich vielleicht meine Leipziger Poëtikvorlesung vorlesen soll? (Ich bin in der glücklichen Lage, die Antwort wörtlich und in voller Länge zitieren zu können.) Sie sagen: »*NEIN!!!*« Na, nächstes Jahr liegt sie in Buchform vor, dann kommen sie angekrochen.

Jetzt bin ich so richtig schön in Ablehnlaune. Die muß ich nutzen.

Vielen Dank für's wiederholte Anerbieten!! Schönen Gruß!!!

Harry Rowohlt

AN ULI WINTERS

Lieber Uli: 29-12-10

Danke! Kam pünktlich gestern am 28. an.

Auf der Fahrt von Köln nach Do'mund die Durchsage:
»Good afternoon and gentlemen«, frauenfeindlich, aber hat's.

Im ewigen Jimi-Blue-Ochsenknecht-Wettbewerb würde
ich als Frauennamen immer Lurleen Ruzalka empfehlen, halb
Country, halb slawisch, zutiefst musikalisch beides, Ratten-
schärfe garantiert.

Ich übersetze gerade widerstrebend mein 168., *The Interrogative Mind* von Padgett Powell, Untertitel »A Novel?«, weil
das ganze Buch aus Fragen besteht. Eben hat er Fragen gestellt,
wie man sich vorkommen würde, wenn man sich nach Süd-
frankreich zurückzöge und inne würde, daß man R. Crumb
zum Nachbarn hat? Kommt man sich vor wie der Grünhöker,
bei dem die Kundschaft übereinander herzieht. Der nächste
Schritt ist dann bereits der in die Selbstreferentialität hinein.

Gestern sagte der Klempner: »Ich hab dich vorhin ›Spinner‹
genannt. Das tut mir jetzt leid. Eigentlich hatte ich ›Tinten-
pisser‹ gemeint.« Na, nagt es, das Heimweh nach HEILÜBER-
DIRHEILÜBERDIRHAMMONIA? So ist es recht.

Schönen Gruß an die schöne Bekannte. Ich kann notfalls
bestätigen, daß Herr Uli Winters die gesamte fragliche Zeit in
der Kulturkirche Köln Nippes verbracht hat und höchstens
mal zum Austreten ausgetreten ist.

»Zu lang oder zu kurz«, und das dann durchgestrichen; sehr
viel sinnbildlicher geht's nicht. Danke auch für das Lesezei-
chen. Krieg ich automatisch Hunger von. Die beiden großen
Schriftzeichen sind ident, die anderen acht nicht. Wird das
übliche IHR GOTTVERDAMMTEN NACH BUTTER-

SÄURE STINKENDEN LANGNASEN ERSAUFT DOCH
BITTE FREUNDLICHST LANGSAM IM SCHLANGEN-
FLUSS sein.

Zum neuen Jahr das genaue Gegenteil!!!

Harry

ÜBERSETZUNG FÜR DIE REDAKTION
»DAS NASHORN«

RHINO
When you're looking for a rhyme for rhino
it's worse even than hippo
since, apart from »albino«,
there's zippo.
(Paul Muldoon)

Suchst du einen Reim auf »Rhino«,
Wird das schwerer als bei »Hippo«,
Denn außer »Dino« und »Albino«
Gibt's nur das Feuerzeug, das Zippo.

Bittebitte, da nicht für.

Harry Rowohlt

(Obwohl es natürlich Quatsch ist, weil man auf Deutsch nie
»Hippo« für »Flußpferd« sagen würde. Sondern »Flußpferd«.
Weil man »Nilpferd« nicht mehr sagen darf. Warum nicht?
Weil es im Nil keine Nilpferde mehr gibt. Aber »Rheingold«
darf man noch sagen.)

2011

»Nein, schicken Sie mir bitte nicht Ihr Buch;
ich lese keine Bücher.«

AN JAN NEUMANN, AUTOR VON »KNOLLS KATZEN«

Lieber Jan Neumann: 8-1-11

Da ich Sie telefonisch nicht erreiche, dies zierliche Briefchen, welches Sie nach Ihrer Rückkunft aus Gstaad vorfinden werden.

Dafür, daß ich *Knolls* (wie ich das Stück einfach mal salopp nennen möchte –, wie »*Schindler's*«) in Kassel vortrage, spricht a), daß Sie sich das wünschen, und b), daß Friedrich Wilhelm »Fritz« Block von der Stiftung Brückner-Kühner sich das wünscht. Dagegen spricht a), daß ich es mir gern mal von Ihnen vortragen lassen würde, und b), daß ich einst »Der Wein war ein Gedicht« von Fritz Eckenga aufgesagt habe und später, vom Meister selbst interpretiert, natürlich viel, viel besser fand. Der Kompromiß wäre, daß ich die Regieanweisungen (WAGNER *zu seinem Nachbarn*) läse und Sie den Text, und das wäre ganz schön doof. Oder Sie lesen mir *Knolls* privat vor, und dann weiß ich, wie es gehört, und habe was zu lachen. Oder Sie lesen es als Star- und Überraschungsgast beim PPP (propädeutischen Poëtik-Proseminar), welches ich mit Mag. Christian Maintz, weil wir sowieso gerade da sind, in Kassel abhalten werde, vor, ich dagegen bei der Verleihungsfeierlichkeit, was ich dann als eine Art Laudatio anzusehen bitte.

Knolls ist wirklich der beste Rausschmeißertext aller Zeiten. In Düsseldorf fragte anschließend eine *Lindenstraßen*-Ensemblekollegin: »Sollen wir dich ins Hotel fahren, oder nimmst du dir 'ne Katze?«

Schönen Gruß!!!

Ihr Harry Rowohlt

AN EINEN FREUND

Lieber Gunnar: 9-I-11

Meine Präsenzbibliothek ist eingestürzt, und das ist Deine
Schuld.

Ich sitze hier sonntagfrühmorgens und übersetze an meinem 168. Buch, *The Interrogative Mood* von Padgett Powell,
welches nur aus Fragen besteht, weshalb es den Untertitel »A
Novel?« hat, mopse mich, habe gerade die Fragen »Wissen Sie,
ob diese großen kiemenähnlichen Löcher links und rechts an,
glaube ich, Buicks in den späten 50er Jahren eine Funktion
hatten oder nur Stilmittel waren? Haben Sie geschrien, als
Vincent Price Sie in *Schrei, wenn der Tingler kommt* dazu auf-
gefordert hat?« hingeschrieben, denke an was Angenehmeres,
nämlich an Dein Lob, meinen Beitrag über Eleanor Bron in
Frauen, die wir liebten betreffend, und denke, den könnte ich
eigentlich in stiller Selbstvergötzung mal wieder lesen, be-
denke aber nicht, daß das Buch ein tragender Bildband ist (so,
wie bei den Simpsons mal der Anbau zusammengebrochen ist,
weil ein tragendes Poster entfernt worden war), und der Rest
ist schnell erzählt. (Ach, war das eine trübe Buchmessenprä-
sentation am Stand des Elisabeth Sandmann Verlags, damals.
Man hätte genausogut am Stand der Schriftenreihe des Bor-
romäusvereins stehen können.) (Ich habe meiner Freundin
Anna die Jahresgabe von Suhrkamp/Insel gestohlen, »Reiseberichte« von Siegfried Unseld. Hier rasch meine beiden bis-
herigen Lieblingsstellen: *Der »Tormann« soll verfilmt werden, und
zwar von Herrn Wim Wenders. Bitte dringlich fünf Lese-Exemplare
hinschicken (Frl. Ritzerfeld, bitte): / Am nächsten Tag hatte ich die
Idee, Handke zu dem Mittagessen mit Beckett dazuzuladen. Ich
werde so etwas nicht mehr tun, denn Handke <...> gab sich in der*

                                              81

Unterhaltung nicht die geringste Mühe, sondern saß da und schwieg. Das geht eben nicht. Beckett versuchte mehrmals, mit ihm über seine Stücke »Publikumsbeschimpfung« und »Kaspar« zu sprechen, aber Handke war wenig gerührt und erkundigte sich seinerseits weder nach Beckett noch nach dessen Arbeit. In der ganzen Unterhaltung hatte Handke nur zwei Fragen an Beckett gerichtet: Haben Sie ein Fernsehgerät?, und als Beckett dies bejahte: Was sehen Sie da? – und darauf antwortete Beckett, er sähe prinzipiell nur Sportdarbietungen: Rugby, Cricket, Tennis und Fußball.)

Zu und zu gern wüßte ich, was bei »<...>« gestanden hat. Wahrscheinlich, daß Handke hackenstramm erschienen ist (was aber Beckett kaum gestört haben dürfte).

Und weißt Du, was unter dem tragenden Bildband zum Vorschein gekommen ist? Ein Binding-Bierfilz mit einem Porträt von mir drauf –, gezeichnet von Almut Gernhardt! »Mein Freund Apfel« steht drüber, mit einer Ausschnittvergrößerung (»Harrys NÄSCHEN«), einer Ausschnittverkleinerung (»Harrys Täschchen«) und dem abschließenden Verdikt »Kitsch«.

So ist es doch noch ein schöner Tag geworden.

Erstmal – – –,

Dein Harry

VON PFARRER MERTENS, EVANGELISCHE PAUL-
GERHARDT-KIRCHENGEMEINDE BÖBLINGEN

Unterstützung einer Konzertlesung mit Ernesto Cardenal

Sehr geehrter Herr Rowohlt,   14-I-11

als begeisterter Leser Ihrer Bücher, Hörer Ihrer Hörbücher
und Besucher Ihrer Lesung in Nürtingen im Dezember 2009
weiß ich natürlich, daß Sie Regietheater, mittelscharfen Senf
und Theologie der Befreiung für kalten Kaffee halten. Trotzdem oder gerade deshalb wende ich mich heute mit einer
Bitte an Sie.

Am 26. März ist Ernesto Cardenal, der große nicaragua-
nische Dichter, ehemaligen sandinistischen Kulturminister
und – jetzt kommt's – Vertreter der Theologie der Befreiung
zu einer Konzertlesung zu Gast in unserer Kirchengemeinde.
Ernesto Cardenal wird an diesem Abend aus seinem umfang-
reichen Lebenswerk lesen. Musikalisch wird der Abend gestal-
tet von Grupo Sal, einer Gruppe, die Musik aus Lateiname-
rika präsentiert und seit vielen Jahren Ernesto Cardenal bei
seinen Lesungen begleitet. Die Konzertlesung kostet mit Ga-
gen, Werbung, Reisekosten, Unterbringung der Künstler usw.
geschätzte 6.000 €. Selbst bei einer ausverkauften Kirche mit
350 Plätzen werden wir diese Kosten nicht einspielen können.
Deshalb bin ich zur Zeit dabei, Sponsorengelder zu erbetteln.

Und nun also meine Bitte an Sie, lieber Herr Rowohlt.
Würden Sie eventuell unsere Konzertlesung (und damit wohl
auch ein bißchen die Theologie der Befreiung) durch einen
finanziellen Beitrag unterstützen. Wirklich jeder Betrag hilft
uns, die Konzertlesung ohne allzu großen Abmangel abzu-
schließen.

Wenn Sie sich zu keiner Unterstützung entschließen können, mir aber trotzdem antworten, dann habe ich zwar keinen Brief von Alfred Polgar, aber einen von Harry Rowohlt. Und das ist ja auch was!

Ich freue mich darauf, von Ihnen zu hören. Als Pfarrer könnte ich ja jetzt mit dem Titel Ihres zweiten Briefbandes schließen, aber der Gruß gehört ja doch Ihnen. Also verbleibe ich einfach

mit herzlichen Grüßen
W. Andreas Mertens

AN PFARRER MERTENS

Betr.: 500 Otzen 21-I-11

Lieber Pfarrer Mertens:

Bitte schön, an der Abendkasse im Jungen Theater Göttingen eingenommen, großgetauscht und mir von diesem (*zeigt*) Munde abgespart.

Schönen Gruß, gutes Gelingen, Gottes Segen und, ja, Rot Front!

Harry Rowohlt

AUF EINE ANFRAGE VON S. FISCHER

Betr.: Sue Monroe, *The Magnificent Moon Hare*

Liebe Antje K.: 21-1-11

Ich weiß nicht, das ist so zutiefst aus Pappe und vorhersehbar und niedlich –, obwohl gemeinerweise auch nicht ganz schlecht. Ich bin ja leider ein bißchen meiner Abnehmerschaft verpflichtet, und die würde sagen: »Ich hab mir das Buch gekauft, weil DU das übersetzt hast, und nun ist es zutiefst aus Pappe und vorhersehbar und niedlich. Nie wieder kaufe ich ein Buch, das DU übersetzt hast.«

Außerdem hatte ich am Telefon die *Sue* nicht mitgekriegt, und ich übersetze traditionell keine Frauen. Soll ich Ihnen meine dahin gehende Megillah – die zu meinem dürftigen theoretischen Rüstzeug gehört – nochmal hinschreiben? Erstens sollten Originalautor und Übersetzer so wesensverwandt wie möglich sein, und da hilft es, wenn beide demselben Geschlecht angehören, und zweitens sind 70 bis 80 Prozent aller Autoren Männer, über 90 % aller Übersetzer dagegen Frauen, und wenn es einer Frau *ein*mal gelungen ist, ein Buch zu schreiben, sollte sich ja wohl auch eine Frau finden, die ihr das übersetzt. (Für diese Einstellung wurde ich von Frl. Alice Schwarzer ausdrücklich gelobt.)

(Außerdemst hatte ich die 16 Seiten kurz vor Harburg durch, und da fragte ich mich: »Will ich wissen, wie es weitergeht? Ich will es nicht wissen und weiß es doch.«)

Trotzdem vielen Dank, daß Sie an mich gedacht haben!!!
Schönen Gruß, *Harry Rowohlt*

AN NIKOLAUS HANSEN, ARCHE VERLAG

Moinmoin, Käptn: 29-1-11

Hier nun der bestellte Arschtritt.

> Von Heinrich Zille gibt es eine Zeichnung, auf der
> ein Penner mit einem Buch unter einem Baum liegt,
> den Betrachter direkt ansieht und sagt: »Diß Buch
> wimmelt nur so von lauter Jrafens und Barone. Det
> jefällt ma: Man ist in juter Jesellschaft und amüsiert
> sich doch.«

> Bei Michael Ziegelwagner ist man in guter Gesell-
> schaft, lernt was und amüsiert sich doch.

Um halb fünf aufgestanden, aufreibende Dreharbeiten, ab
Do'mund ungeheizt –, »erschossen wie Robert Blum«, wie
meine Omma zu sagen pflegte.

Und tschüs.

Dein Harry

AN IRENE FISCHER

Liebstes Irenchen: 29-1-11

Gestern, im Akropolis.

Herwig Fischer (zu mir): Kannst du bitte etwas dezenter zuhören?

Ich (später, zu Herwig Fischer): Entschuldige die mangelnde Dezenz, aber ich wollte, daß sich das Geschehen aufbereitet und fertig interpretiert in meiner Mimik spiegelt ...

Herwig Fischer (im Abgehen): ... und in einer eruptiven Katharsis endet, ich weiß.

Sonst eher nichts für heute. Schönen Gruß!

Dein Harry

AN EINEN BITTSTELLER

Lieber Klaus M.:   8-2-11

Nein, schicken Sie mir bitte nicht Ihr Buch; ich lese keine
Bücher, Winzer trinken ja auch Bier. Außerdem kann mich
das Jenseits am Arsch lecken; dazu sind sie da, das Jenseits und
der Arsch.

Schönen Gruß,

Harry Rowohlt

AN EINEN VERANSTALTER

Lieber Kyros: 9-2-11

Dir und dem vorbildlichen Rote-Fabrik-Kollektiv abermals
brüderliche Kampfesgrüße (in der Roten Fabrik gesungen,
im Hôtel Rothaus abgestiegen, um ein Haar im Café Rossi
einen Kaffee getrunken, von Dir als Kommunist verunglimpft
worden <machst Du mir dies schöne literarische Chanson
mal irgendwie zugänglich? Das wäre nett> –, *sehr* viel röter
geht schlecht) und herz-, herz-, herz-, herz-, herzlichen
Dank!!! Am Morgen danach wurde ich auch endlich mal an-
gekobert, ich dachte schon, es würde nie was werden, noch
dazu von einer Landsmännin: »Ah, la bella barba!« Wie mein
heißgeliebter Klassen-, Deutsch- und Englischlehrer Herr
Glockauer zu sagen pflegte, wenn wir ihn auf seine grauen
Schläfen ansprachen: »Man hat so seine Mittelchen.«

Ja chará!

Dein Harry

AN CHRISTINE SCHNEIDER, SAUERLÄNDER

Liebe Christine Schneider: 11-2-11

Ich werde mir Ihre Zerknirschung durch den Kopf gehen lassen.

Anbei eine Mr-Gum-Fortschreibung von Lukas-dem-Maurer (8 oder 9 oder 10). Ich mache immer wieder die Erfahrung, daß sogar kleine Mädchen, sogar kleine Mädchen, die Polly heißen, sich nicht mit der furcht- und tadellosen Heldin Polly identifizieren, sondern mit dem entsetzlichen Mr Gum und ihm nach Kräften nacheifern. Der Verlag Sauerländer dreht sich im Grab um, wenn er das erfährt.

(Schade, daß Sie vorher Tschirch geheißen haben und nicht, wie der Yeti bei Bernd Pfarr sagt, Schnirch. Dann könnten Sie jetzt Christine Schneider-Schnirch heißen und für die F.D.P. im Bundestag sitzen.) (»Der Mann hat ja ganz schön Zeit«, denken Sie jetzt bestimmt. Hat er nicht. Nimmt er sich.)

Schönen Gruß!!!

Ihr Harry Rowohlt

AUF DIE BITTE UM EIN QUOTE

Liebe Bianca (?) St.: 15-2-11

Wenn ich Ihnen etwas Zitierbares schriebe, wüßte jeder, der mich (und das, was ich so von mir gebe) kennt, daß es gelogen wäre, da mir Theater – und Kinder- und Jugendtheater erst recht – seit mehreren Jahrzehnten günstigstenfalls sterbenswurscht ist. Theater sind für mich Stätten namenlosen Elends.

Trotzdem natürlich vielen Dank, daß Sie an mich gedacht haben.

Schönen Gruß!!!

Ihr Harry Rowohlt

AN DEN BERLIN VERLAG

Fax an eine Lektorin namens JULIA, deren Nachnamen ich vergessen habe (und der Schriftverkehr ist vorübergehend in der Vor-Ablage verschwunden)

Liebe Julia: 16-2-11

Ich hatte Sie zweimal gebeten, mir die Adresse von Padgett Powell zu geben, damit ich ihm, wenn ich dermaleinst mit *The Interrogative Mood (A Novel?)* fertig bin, äh, meine GLI (Gigantic List of Incompetence) schicken kann. Haben Sie Angst, ich stehe plötzlich mit meinem Pappköfferchen in Gainesville FL auf der Matte und ziehe bei ihm ein wie weiland Andersen bei Dickens? Macht nichts, Cynthia Cannell hat sie mir gegeben, Padgett ist gewarnt und freut sich schon. Nicht auf mich. Auf die Liste. Ich bin nämlich weithin unbemerkt bis auf S. 163 vorgedrungen, 164 Seiten hat das Buch, ein Ende ist abzusehen. Soll ich den Anhang ebenfalls übersetzen? Oder schmeißen wir den weg?

In Fragelaune,

Harry Rowohlt

VON LEONIE

Lieber Herr Rowohlt!   Hamburg, 17.2.11

Ich heiße Leonie und bin 13 Jahre alt. Ehrlich gesagt: Ich bin ein großer Fan von Pu, Ferkel und Co. Ohne sie könnte ich abends oft nicht einschlafen. Das klingt wahrscheinlich komisch: Eine Teenagerin ist Fan von Kinderbüchern – aber es ist so.

Angefangen hat es mit der *Süddeutschen Zeitung*. Wir haben dort nämlich ein Abo. So sind wir auf die empfohlenen Bücher gekommen. Das erste Buch dieser Reihe heißt zufälligerweise *Pu der Bär*. Im Urlaub hat es mein Vater vorgelesen. Wir haben uns fast totgelacht (Unser Lieblingskapitel ist, wo I-Ah Geburtstag hat). Dann waren wir im Herbst 2009 bei einer Lesung von Ihnen. Lustigerweise haben Sie I-Ahs Geburtstag vorgelesen. Außerdem haben Sie das neue Buch *Rückkehr in den 160-Morgen-Wald* vorgestellt.

Wir fanden es gleich toll und kauften sofort eins. Dann fiel uns ein, daß wir das Hörbuch »zum 80. Burzeltag des berühmten Bären« besitzen. Ich habe es gleich auf meinem MP3 Player gespielt, und seitdem höre ich jeden Abend Pu und seine Freunde.

Ich kann es gar nicht beschreiben, warum, aber es beruhigt, und ich schlafe sofort ein.

Jetzt habe ich eine Bitte: Könnte das zweite Buch nicht auch vertont werden? Oder könnte man nicht noch ein drittes Buch schreiben vom Bären mit sehr geringem Verstand?

Vielleicht könnten Sie mir diesen Wunsch erfüllen, fragen kostet ja nichts.

Ich würde mich sehr über eine Antwort freuen!

Mit den freundlichsten Fangrüßen auch an Pu und die anderen, *Ihre Leonie*

AN LEONIE

Liebes Fräulein Leonie: 21-2-11

Vielen Dank für Deinen netten Brief.

Aber der 2. Band, *Pu baut ein Haus*, ist doch auf den 6 *Pu-der-Bär*-CDs enthalten, und die Fortschreibung von David Benedictus gibt es ebenfalls als Hörbuch, und das sind drei Bände, einer zuviel, wenn Du mich fragst, denn ich habe, als ich die Fortschreibung (ich schreibe bewußt nicht »Fortsetzung«) zum Übersetzen bekam, gedacht: »So etwas tut man nicht.« Dann habe ich gedacht: »Aber es ist sehr gut geworden«, und dann habe ich gedacht: »Es ist zwar sehr gut geworden, aber trotzdem tut man so etwas nicht. Wenn ein Geldfälscher sehr gut Geld fälscht, ist er zwar ein sehr guter Geldfälscher, aber ein Verbrechen ist Geldfälschen trotzdem.«

Mach Dir keine Sorgen, weil Du mit 13 immer noch Kinderbücher magst, es gibt nämlich gar keine Kinderbücher, weil Kinderbücher von Erwachsenen geschrieben und gekauft werden, und *Pu der Bär* sollte man alle sieben Jahre lesen, wenn man runderneuert ist, um zu sehen, wie sehr man sich verändert hat.

Lies und hör doch vielleicht *Der Wind in den Weiden* von Kenneth Grahame –, als Fortsetzung, obwohl es früher entstanden ist als der »Pu«. Das ist der berühmteste englische Kinderklassiker überhaupt – und auch kein Kinderbuch.

Schönen Gruß!!!

Dein Harry Rowohlt

VON LEONIE

Lieber Herr Rowohlt.   2.3.11

Danke für Ihren tollen Brief! Ich habe mich so gefreut! Nachdem ich den Brief gelesen habe, bin ich mit meiner Mutter in DAS BUCH in Eppendorf gegangen und habe mir *Der Wind in den Weiden* gekauft. Die Verkäuferin sagte mir, Sie würden manchmal beim Laden vorbeikommen und hätten vielleicht die Zeit, Bücher zu signieren.

Es wäre toll, wenn Sie auch jetzt die Zeit hätten, ich würde mich sehr über ein Autogramm freuen. Außerdem habe ich noch *Pu baut ein Haus* und das zweite Hörbuch von ihm ausfindig machen können. Das muss ich mir beides unbedingt zulegen! Den Vergleich mit den Geldfälschern finde ich übrigens sehr gut, den muss ich mir merken!

Ich muss mich außerdem nochmal bedanken: Sie haben mein Selbstwertgefühl sehr gesteigert, als Sie schrieben, daß es nicht schlimm oder peinlich für mich sein muss, daß ich Pu den Bären sozusagen »liebe«.

Also: wenn Sie Zeit oder Lust haben, in meiner Ausgabe vom *Wind in den Weiden* zu unterschreiben, ich würde mich freuen.

Nochmals danke für die Buchtipps und den ganzen Brief.

Vielen Dank und viele Grüße!

Ihre Leonie

AN EINE VERANSTALTERIN

Liebe Petra: 19-2-11

So, jetzt komme ich auch mal dazu, eine zierliche Ergeben-heitsadresse wegzufaxen. Vielen Dank für die vorbildliche Rundumbetreuung!!!

Was ich noch nicht ahnen konnte, deshalb auch nicht rüh-men konnte, sondern erst nach der Veranstaltung beim Essen und Fernsehen bemerkte, ein Service, den ich in 28 Jahren Tingeltätigkeit noch nirgends vorgefunden hatte und der allein schon einen Abstecher nach Nienburg an der Weser lohnt: UNTER DEM BETT STAND EINE BETTPFANNE!

»Wo geht's denn jetzt hin?« fragte Frau Eckard beim Früh-stück.

»Soest? Da grüßen Sie mal den Weinhändler Eberhard. Der übernachtet hier immer.« Ich versprach's. Im Asia Shop, in dem ich meine Reisesoße kaufte, fragte das vietnamesische Händlerehepaar: »Na? nach Italien?« Weil man ja an meinem Hackenporsche sah, daß ich auf Reisen war. Und dann kann es nur nach Italien gehen. Und da schmeckt dann immer al-les nach nichts. So daß man sich noch rasch die gute Reise-soße sichern muß. Dann aber heißt es: »Oppido Lucano, ich komme!«

Soest dagegen (wo ich den Weinhändler Eberhard knapp verpaßt haben muß) stand kopf, weil es gegen eine Nazide-monstration demonstrieren mußte. Ich habe auch einen klei-nen Beitrag geleistet. Als ich an dem abgesperrten Platz vor-beikam, sagte der Redner, wenn wir ihn denn Redner nennen wollen) gerade: »… unsere deutschen Frauen belästigen …«, und ich grölte aus lieber Gewohnheit: »DU KRIEGST DOCH SOWIESO KEINEN STICH, DU SCHWULE SAU!« was längst nicht so ungehobelt ist, wie es zunächst klingt, weil Nazis die einzigen sind, die man mit sowas noch beleidigen kann. Spätestens seit dem Röhm-Putsch.

Siegen mit Frank Schulz war dann auch sehr erfreulich, und ich habe gerade meine # 168 beendet und meine # 169 begonnen, 16 Kurzgeschichten von unser aller Kurt Vonnegut, und das ist doch gut und nicht schlecht.

Schönen Gruß!!!

Harry

AN EINEN VERANSTALTER

Lieber Patrick Z.: 19-2-11

Nochmal vielen Dank für das gedeihliche Siegen, und ich bitte, auch und besonders in Frank Schulz' Namen, Frau Klotz unsere Affiziertheit zu Füßen legen zu wollen.

Der Romancier Schulz hatte ja am 14. Februar Geburtstag, wir waren um 9 zum Frühstück verabredet, ich seniler Bettflieher wollte mir solang die historische Altstadt erwandern, die aber irgendwie zu weit weg und zu hoch angebracht war, weshalb ich die nähere Umgebung des Hôtels zu erkunden beschloß. Hier fand ich den Hinweis auf ein verpaßtes SOVIET INSPIRED DUBHOUSE FUNK-Konzert und einen verwunschenen Edeka-Laden, in dem ich gerade noch rechtzeitig die passenden Geburtstagsgeschenke bekam: eine Riesenanstaltsflasche Maggi und ein Notenheft, falls Schulzi was Fetziges zum Tanzen und Träumen anfliegen sollte.

Und dann ging es immer so weiter. Schönen Gruß!!!

Harry Rowohlt

P. S.: Zwei Tage zuvor, in Nienburg an der Weser, fand ich einen Service vor, dem ich in 28 Jahren angestrengter Tingeltätigkeit noch nie begegnet war und der zunächst auch das quirlige Soest und das urbane Siegen überstrahlte. In der Altstadtpension Weserkate STAND EINE BETTPFANNE UNTERM BETT! D. O.

Erinnerung Mitgliedsbeitrag St. Pauli 7. März 2011

Lieber Harry Rohwolt,

es ist uns zum wiederholten Male aufgefallen, daß Du keine Mitgliedsbeiträge mehr zahlst. Vielleicht hat dies den Grund, daß Du gar nicht mehr Mitglieder der Kurverwaltung St. Pauli e. V. sein möchtest. Eine Austrittserklärung von Dir liegt uns allerdings nicht vor.

Wir möchten Dich bitten, bis zum 28. März 2011 den Beitrag für 2010 und 2011 (insgesamt 50 Euro) zu überweisen. Sollten wir bis dahin weder von Dir hören noch einen Zahlungseingang verzeichnen können, werten dies als Austrittsgesuch und werden Dich von der Mitgliederliste streichen.

Schöne Grüße
Günter Pingel
1. Vorsitzender der Kurverwaltung St. Pauli e. V.

AN DIE KURVERWALTUNG ST. PAULI/HH

Lieber Günter Pingel: 9-3-11

Wenn man mal davon absieht, daß ich nicht Rohwolt (und
auch nicht Bowohlt, wie auf dem Kuvert) heiße, habe ich mal
zugunsten der Kurverwaltung St. Pauli e. V. im Rahmen einer
Benefizlesung das Sankt-Pauli-Theater voll gekriegt, worauf
mir die Ehrenmitgliedschaft angetragen wurde, die ich allerdings, weil einige meiner Lieblingsmenschen, ohne die ich
keinen Bock habe, gefeuert wurden, längst wieder habe sausen-
lassen, weshalb ich Euch nicht nur nichts, sondern strenggenommen weniger als nichts schulde. Und tschüs.

HR

AN EINE BEKANNTE

Weltfrauentag, 2011

Liebe Inge:

Ulla sagte mir, Du hättest gesagt: »Der Harry hat so viele Tonträger; warum verteilt der nicht auch ein paar?«

Aus vielen Gründen. Hier eine kleine Auswahl.

Erstens hätte ich das bereits seit 2001 machen müssen und nicht erst 2011 damit anfangen.

Zweitens: Welche? Und an wen?

Drittens: Warum nur Tonträger? Warum nicht auch Bücher? Und Salmis?

Viertens steht es einem frisch bekränzten Elch eher an, DVDs zu verteilen, als einem total unaktuellen, bemoosten.

Fünftens wollen viele Menschen – allen voran ich – gar nichts geschenkt kriegen, weil sie es dann schleppen müssen –, und damit wären wir bei sechstens. Ich hätte also Deiner Ansicht nach eine kleine Übersicht über mein Schaffen von Hamburg über Kassel, Köln, Erlangen und Mannheim nach Göttingen rollen sollen? Zusätzlich zu den acht Paar Socken, den Panik-Unterhosen, dem Vorlesegut (*Knolls Katzen*, Erich-Mühsam-Revue, propädeutisches Poëtik-Proseminar mit Ringelnatz-Schwerpunkt, *Murmeljagd* <700 S.> und *Im Liliputanercafé* von Ulrich Becher), Käseplätzchen von Ette Klingmüller (Mannheim) sowie diverse Gaben befreundeter Kreativer, schwarze Prunk-Sweatshirts zum Wechseln und verschiedene Körperpflege- und Hygieneartikel?

Weißt Du was, stattdessen lege ich Dir einen – beiläufig mit Autorenrabatt erworbenen – Tonträger bei, auf den ich unbändig stolz bin, bzw. bin ich unbändig stolz auf die Musik von Dieter »Ennio« Faber, der meine Anweisung (»Dieter? Machst mal Western?«) 1 : 1 umgesetzt hat.

Und grüß mir meinen Hans schön, und richte ihm gute Besserung aus, falls es dieser noch bedürfen sollte, was ich nicht hoffe.

Harry

AN DIE DUDEN-REDAKTION

Betr.: Lieblingswort

Sehr geehrter Herr Dr. Scholze-Stubenrecht:

Es geht los.

Die fabelhafte Meike Jeß ruft an. Sie ist Zahnhygienikerin und
erinnert mich routinemäßig an meinen nächsten Zahnhygi-
ene-Termin. »Längst abgeleuchtet, meine Liebe, längst abgeleuchtet«, beruhige ich sie. Aber offenkundig war das noch
nicht alles.

»Ich habe gelesen, Sie haben so eine schreckliche Krankheit?« sagt die fabelhafte Meike Jeß.

»Jau. Polyneuropathie«, sage ich.

»Nochmal«, sagt die fabelhafte Meike Jeß.

»Polyneuropathie«, sage ich.

Beeindruckt sagt die fabelhafte Meike Jeß: »Die paßt ja
prima auf Ihren Terminplanungsjahresübersichtswandkalen-
der.«

(Als ich sie später gesondert für diesen Spitzenspruch lobe,
winkt sie hold errötend ab: »Ich hab ja bis vor kurzem Hand-
ball gespielt.«)

Ich weiß, das Wort »Terminplanungsjahresübersichtswandka-
lender« (und Termine für das folgende Jahr werden auf der
Terminplanungsjahresübersichtswandkalenderrrandleiste no-
tiert) ist weder schön noch poetisch noch sonstwas, aber in
dem Satz »Dazu bedürfte es eines Blicks auf meinen Termin-
planungsjahresübersichtswandkalender, aber der hängt, wie
der Name schon sagt, an der Wand, und die habe ich nicht

dabei« ist es stets präsent. In der Hoffnung, dienlich gewesen zu sein, grüße ich schönstens

Harry Rowohlt

AN PETER HAAG

Sálü, Sternenbruder: 25-3-11

Was ich die ganze Zeit vergessen hatte, weil es so selbstverständlich ist, ist, daß natürlich Fritz Weigle zur *3.-Polizist*-
Marathonlesung gebeten werden muß. Der war auch damals
schon dabei (und sagte immer »Tschemm Cazey«, bis ich ihn
beschwor, »Jem Casey« zu sagen, was ihm auch glückte –, für
einen Schwaben eine schier übermenschliche Leistung) und
sollte auch diese Veranstaltung schmücken.

Ich bin ja wieder zu Hause, und Anna sagte angesichts der
aktuellen Mutzfotos, das Kind sei eindeutig nicht mit Euch
verwandt, keinerlei Familienähnlichkeit, sondern eher von
durchreisenden Schlawinern gekauft, und ich sagte: »Dras-
tisch herabgesetzt, weil nicht abwaschbar.«

Ich dagegen übersetze jetzt wieder Vonnimäuschen, erstmalig anhand einer lesbaren Vorlage.

Ciao, *hein*?

Dein Harry

AN DIE BRÜDER MUES[*]

Lieber Wanja, lieber Jona, lieber Woody: 2-4-11

Wann immer ich Eure Eltern gesehen habe – egal, ob zu
zweit, allein oder als einen der beiden stets fidelen Wachpos-
ten vor dem Eiscafé Europa und später vor dem Greeni –, ging
mir das Herz auf, und ich dachte: »Das sind ja wirklich mal
zwei echte Spitzenmenschen.« Manchmal sehe ich sie immer
noch, teils zu Fuß, teils mit übervollem Gepäckträger heran-
radeln, merke dann aber leider ziemlich bald, daß ich mich
versehen habe.

Neulich habe ich, zum erstenmal, aber dafür gleich zweimal nacheinander, von Dietmar geträumt. Ich saß, seltsamerweise in Frankfurt, vor einer Kneipe im Freien, Euer Vater
näherte sich, fragte: »Darf ich mich dazusetzen?« »Aber klar«,
sagte ich und fügte dann hinzu: »Ich dachte, du bist tot?« Er
strahlte mich an. »Das, mein Alter«, sagte er, »mußt du schon
mir überlassen, wann genau ich offiziell damit anfange.«

(Ich muß jetzt nach Schwerin und dann weiter nach Berlin,
Hannover und Köln, bin aber bei Euch, eh klar.)

Immer Euer Harry

---

[*]   *zum Unfalltod ihrer Eltern im März 2011*

AUF EINE ANFRAGE

Sehr geehrte Ariane P.:   6-4-11

Wie ich Ihnen bereits in Ihre Mailbox # 754 quatschte, können Sie das Zitat gern bringen, aber nur vollständig.

»Ich antiamerikanisch?! Ich habe geweint, als Winnetou starb.«

Schönen Gruß,

Harry Rowohlt

P. S. (7-4-11):
Gar nicht wahr. Ich habe gar nicht geweint, als Winnetou starb. Mit seiner Ansage »Winnetou stirbt als Christ, Scharlih. Er glaubt an die Jungfrau Maria« hatte er unwiderruflich bei mir verschissen. Damals schon. Das s. o. Zitat habe ich dem WDR gesagt, als ich zum Einmarsch der USA und ihrer Satellitenstaaten in den Irak interviewt wurde. (Geweint dagegen habe ich, als Flag, das kleine Rehlein in *Frühling des Lebens* von Marjorie Kinnan Rawlings, starb. Die betreffende Seite ist immer noch wellig von meinen Tränen.) Schönen Donnerstag noch. D. O.

AN HANS W. GEISSENDÖRFER*

Lieber Hans: 10-4-11

»Moin, Herr Rohwolt. Na? Heute drehfrei?« Mit diesen
Worten wurde ich in Heathrow begrüßt.

Dann gab es keine Eisenbahn in Richtung Innenstadt, und
was die U-Bahn betraf, so sagte die zuständige Dame zu uns
allen: »If you're happy waiting on the platform …«, weshalb
ich mit dem Bus bis Victoria Station gefahren bin. Dort gibt
es eine Kneipe, unter irischer Leitung, klar, The Travellers'
Tavern, und die, aber das konnte ich noch nicht ahnen, sollte
das Schönste sein, was ich in London zu sehen bekommen
würde. »Bewegung, Bewegung, Bewegung!« hatte es in der
Polyneuropathie-Selbsthilfegruppe geheißen, ich also mit meinem todschicken Lufthansa-Pappkarton, in den mein Klei-
dersack mit dem festlichen 3teiligen Gehrock geknautscht
war, zu Fuß bis zur Blackfriars Bridge, einschließlich Wach-
wechsel vor dem nebbich Buckingham-Palast, mit klingen-
dem Spiel und ordentlich Doof dabei, erstmalig ohne von
Rolf Seelmann-Eggebert vollgeschnurgelt zu werden. Im
Hôtel, The Mad Hatter, das gleiche Bild wie bei Bahn und
U-Bahn in Heathrow. Zwei amerikanische Familien namens
Scott waren da, aber nur eine hatte reserviert, und mir sollten
zwei Übernachtungen berechnet werden, obwohl ich nur
eine bestellt hatte –, bis ich merkte, daß die polnische Rezeptionsfee mich »Mr O'Rourke« nannte. Geschmeichelt
sagte ich, ich sei zwar – ausholend – im Jahre 1996 vom Dach-
verband der irischen Brennereien zum Ambassador of Irish
Whiskey ernannt worden, was aber zu weit gehe, gehe zu

---

*   *dessen Geburtstagsparty in London HR verpaßte*

weit, und mußte dann nochmal eine halbe Stunde warten, die ich nutzte, um unter Ernstfallbedingungen zum Swan at the Globe zu gehen, teilweise an der Themse entlang, wo man nicht gehen kann, bis zu der Stelle, wo man wieder gehen kann, da bin ich dann aber woanders gegangen. Dann, nur um zu sehen, ob es klappt, pro forma eingecheckt und weiter den Kiez erkundet. Um Viertel nach sechs habe ich mich feierlich in meinen 3teiler begeben, festgestellt, daß die Hose keinen »boot cut« hat und schwerstblöd auf den Stiefelschäften aufliegt, und auf 2teiler umdisponiert, Gehrock, Weste und Jeans, was womöglich noch atemberaubender aussah, und ganz langsam, man will ja nicht zu gierig wirken, in Richtung Swan at the Globe aufgebrochen. Dort, so gegen 2 nach 7, weit und breit kein Andy Habermaier, nur eine riesige Meute unbekannter Feierer. Also hinein, kucken, ob es irgendwo ein Gehege für geschlossene Gesellschaften gibt, nein, nur entsetzliche Musik und Geknuffe und Gepuffe und schrilles Gelächter. Draußen, auf dem Mäuerchen, fragte ich die Dame rechts von mir, ohne vorzusagen, um sie nicht zu beeinflussen, was heute für ein Datum sei? Nachdem sie sich auf Spanisch mit ihren Gewährsleuten beraten hatte, sagte sie: »Der 8. April.« – Ja, ich bin der Elendeste unter den Sterblichen und heilfroh, daß ich nur überschaubar im deutschsprachigen Gebiet arbeite. Immerhin war es kein Gig, den ich auf diese Weise verpaßt habe, sondern nur, nur und nur ein rauschendes Fest.

Eure Geschenke kriegt Ihr jetzt mit der Post. Das ist sicherer. (Dabei hätte ich für den alleräußersten Notfall und nur, wenn es eine Beschallungsanlage gegeben hätte, etwas zum Vortragen dabeigehabt, nein, nein, nicht Erna, um die anwesenden Anglophonen zu befremden.)

Immerhin war ich auf diese Weise nun schon zum dritten Mal in meinem Leben in London, also statistisch alle 22 Jahre einmal. Da habe ich jetzt erstmal wieder Luft.

Freundschaft!!! Und schönen Gruß an Jane und die sämtlich so überaus wohlgeratenen Töchterlein!

Dein Harry

P. S.: Jetzt habe ich auch noch auf WDR die Wiederholung der *Lindenstraße* verpaßt, die mir vorigen Sonntag entgangen war, weil ich auf Schloß Neuhardenberg zusammen mit Dr. Gregor Gysi die schweinischen Stellen aus dem Marx-Engels-Briefwechsel vorgelesen habe (worauf die Lokalpresse mit den Worten »Gregor Gysi und Harry Rowohlt diskutieren über Marx und Engels« hingewiesen hatte, was aber niemanden abgeschreckt zu haben schien). Irgendwie liegt auf mir und der *Lindenstraße* kein Segen drauf. D. O.

VON HANS W. GEISSENDÖRFER

Lieber Harry,   Köln, den 15.04.2011

ich küsse Dich, umarme Dich. Keine Angst, ich bin trotzdem
nicht schwul. Aber wenn ich in den letzten 20 Jahren jemanden zu lieben lernte, dann bist Du es.

Herzlichst
Dein Hans

AN EINE LESERIN

Liebe Susie I.:   30-4-11

Vorhin hieß jemand in »Kulturplatz« auf 3sat ernsthaft Aernschd. Kompliment.

Heute, habe ich mir gedacht, kriegen Sie mal einen ganz langen Brief, da lege ich meine neue Kolumne bei (die dann am Donnerstag, oder, wie eine Standlerin in Wien mich einst anfuhr, »bekanntlich am Freitag« in der *ZEIT* erscheint).

Die Bezahlung belletristischer Übersetzer (im Gegensatz zu wissenschaftlichen und technischen Kollegen, bei denen wichtig ist, was da steht) ist völlig unterschiedlich geregelt, aber einheitlich lausig, ob man am Umsatz beteiligt ist oder nicht. Immerhin bekomme ich deshalb als »Star«übersetzer nicht mehr als eine Anglistikstudentin im 4. Semester. (Die hat ja auch, wenn man's recht bedenkt, mindestens drei Semester länger Anglistik studiert als ich.) Und ebenfalls deshalb sage ich immer, wenn ich keine Lust zu etwas habe: »Das soll doch eine Studentin machen«, was mal bei der *Lindenstraße* wörtlich genommen wurde. Da sollte ein Nachdreh mit mir schlafend in einem Hauseingang gemacht werden, ich hatte keine Zeit, sagte: »Das soll doch eine Studentin machen«, und danach sagten alle, die mich kennen: »So einen fetten Arsch hast du doch gar nicht.«

Bei der letzten Tour 25./26./27. April (Saarbrücken–Kaiserslautern <Kay-Town, wie es seit AFN-Zeiten immer noch zärtlich heißt>–Bonn) war mein Lieblingserlebnis in Kaiserslautern in der Pause beim Signieren. Ein Mann ließ sich ein Buch signieren, ihm war sichtlich unbehaglich, hatte sich wohl noch nie ein Buch signieren lassen, fand das auch weidlich doof. Ich sagte: »Haben Sie aber große Hände«, er, aufblühend, strahlte stolz: »Ei, isch bin ja aach Bääggä«, und zeigte sie nochmal gesondert wrrmpff wrrmpff vor.

In Saarbrücken habe ich in der Anschleimphase gesagt: »Was wir Männer alle anstreben und was so gut wie nie gelingt, ist, von der Wirtin geliebt zu werden. So nah dran wie in Saarbrücken war ich noch nie. Bei meinem ersten Mal in Saarbrücken wurde das Obergeschoß des Hotels um- und ausgebaut, es war ganz furchtbar. Beim zweiten Mal war das Obergeschoß fertig, ich wohnte dort, die Wirtin fragte mich, wie es mir gefalle, ich sagte: ›Ganz toll, für einen allein viel zu schade‹, und die Wirtin sagte: ›Ei, isch muß ja hier unne bediene.‹«

In Bonn sagte ich: »Ich war schon ganz oft in Bonn, das erste Mal beim Sternmarsch gegen die Notstandsgesetze, das zweite Mal, um mir ein Visum für Kuba zu besorgen, also beide Male im Klassenauftrag unterwegs. Als ich vorhin vor der ›Nordsee‹-Filiale saß und aß, kam ein Polizist vorbei und sagte: ›Guten Appetit, Herr Rowohlt.‹ Die Bonner Polizei hat offenbar seit meinem ersten Besuch dazugelernt.« (»Man kann sich vorstellen, wie das Haus tobte«, heißt es dann immer anstelle einer Pointe in Theater-Anekdoten.) (Seine Exzellenz, der kubanische Botschafter, öffnete mir nachts in Unterhose und Pulli, sagte: »Du fährst nach Kuba? Scheiße, du hast es gut«, sowie: »Dann gehen wir mal in die Konsulatsabteilung, da kenne ich mich überhaupt nicht aus.« Dann haben wir alle Stempel durchprobiert, bis wir den passenden für ein Visum gefunden hatten. Sozialismus mit menschlichem Antlitz.) (Im Dezember 1985 war das.)

So, jetzt gehe ich mit Genuß an die Geschichte »Tango« von Vonnegut.

Ach so. Nein, organisiert bin ich nicht. In Hamburg gab es mal einen Übersetzerstammtisch, und da wurde auch rechtschaffen debattiert, aber nicht gesoffen, und für sowas war mir meine schöne Freizeit zu schade. Der Kölner Übersetzer-stammtisch tritt jeden 2. Donnerstag im Monat zusammen und eröffnet die Sitzung mit dem Trinkspruch: »Auf daß wir nie so werden mögen wie der Hamburger Übersetzerstammtisch!«

ES LEBE DER 1. MAI, DER TAG DER SELIGSPRE-CHUNG JOHANNES PAULS DES ZWEITEN!

Ihr Harry Rowohlt

AN EINE VERANSTALTERIN

Liebe Martina St.: 2-5-11

Rasch, bevor alles gar nicht mehr wahr ist, Ihnen und dem gesamten vorbildlichen Pantheon-Kollektiv vielen herzlichen Dank für die meisterliche Planung und so überaus glimpfliche Durchführung unserer gemeinsamen Kulturveranstaltung! (Im Hôtel habe ich ins Gästebuch geschrieben: »Ich verlasse jetzt das Esplanade. / Schade. Schade. Schade. Schade.«) Auf dem Bahnsteig habe ich dann noch Stoffel Kasten aus der Klasse von Frl. Siems getroffen. Der sagte: »So sieht man sich wieder«, und ich dachte: »Scheiße, warum fällt mir sowas nie ein?!« Schönen Gruß!

Ihr Harry Rowohlt

AN EINEN VERANSTALTER

Lieber Steffen M.:   9-5-11

Bevor alles schon nicht mehr wahr ist, rasch eine kleine Ergebenheitsadresse. Besonders gut gefallen hat mir, wie ich mit
dem – quasi – Generalschlüssel überall durch das Objekt ge-
spensterte. Außerdem habe ich in Coswig – obwohl danach ja
noch Zwickau und Chemnitz kamen – das einzige <u>nu</u> von
ganz Sachsen gehört, von denen, wie wir wissen, es 32 ganz
unterschiedliche gibt. Meins war, als ich mich um- und für
ein »Kirschkörbchen« entschied. »Nu«, sagte die Backwaren-
fachverkäuferin, bestätigend, und ich freute mich bereits auf
die weiteren 31, es kamen aber keine mehr. Nu.

Schönen Gruß und vielen Dank!!!

Ihr Harry Rowohlt

P. S.: Dem Mann, der mir c/o Börse einen Autogramm-
wunsch geschickt hat (was daran zu erkennen ist, daß »Rowohlt« falsch geschrieben und die Briefmarke links oben auf-
geklebt ist, damit sie möglichst nicht gestempelt wird), konnte
geholfen werden. Da waren ein Foto von Grass und eins
von mir daneben, und ich habe beide signiert, das von Grass
mit den beiden unverwechselbaren Unterlängen. Außerdem
wollte er noch 5 Autogrammkarten, eine davon »für Viola«,
und ich habe ihm 6 geschickt. Mit nur etwas Glück muß er
Strafporto zahlen. Autogrammjäger sind die niedrigste Form
menschlichen Lebens und haben außer unserem Mitleid auch
Strafe verdient. D. O.

AN EINE VERANSTALTERIN

Liebe Sabine G.:   9-5-11

Wissen Sie noch? Freitag? Neue Welt Kino? Der vorne mit
der Lampe, das war ich.

Sie wissen vor lauter Literaturfestival längst nicht mehr, wo
Ihnen der Kopf steht, während ich in aller Bierruhe gerade
eine Vonnegut-Kurzgeschichte fertig übersetzt habe und jetzt
gleich mit Rucksack zur Zahnhygiene gehe und danach
nach – deshalb der Rucksack – Köln fahre, zum Haareschnei-
den. (Und den neuen Haarschnitt anschließend im Rahmen
der beliebten Vorabendserie *Lindenstraße* filmen lasse, na gut.)

Vielen Dank für den schönen Abend und herzlichen Gruß
an die fabelhafte 20fache Buchhändlerin Maria sowie alles nur
Erdenkliche für einen gedeihlichen Verlauf der Fest- und Wei-
hespiele!!!

Ihr Harry Rowohlt

AN INGO SCHULZE

Lieber Ingo: 11-5-11

Nur eine kleine Nachricht aus Sachsen.

Neulich, am 5. Mai, im Schauspielhaus Chemnitz, mußte ich vor der unverlangten Zugabe noch rasch austreten und sagte: »Als ich in Leipzig eine Poëtikvorlesung hielt, mußte ich mittendrin raus, weil ich nur mit zwei Vorrednern gerechnet hatte. Man kann ja schlecht abhauen, während der Herr Oberbürgermeister Shel Silverstein rezitiert, wie sieht das denn aus. Da ist es dezenter, wenn man seine eigene Poëtikvorlesung unterbricht. Das war eine große Ehre, die vierte Leipziger Poëtikvorlesung zu halten –, nach Ingo Schulze, Uwe Teilkamp und Herta Müller. Uwe Tellkamp und Herta Müller sind zwar Pappnasen, aber Ingo Schulze nicht; da mußte ich mich anstrengen.« Darauf hinten links und hinten rechts je ein Klatschen. Dann, ganz langsam, breitete sich der Applaus aus, bis tatsächlich so gut wie alle klatschten. Da war offenbar ein jeder für sich mit sich zu Rate gegangen und fand: »Stimmt ja überhaupt, zweimal Pappnase, einmal nicht.« Das, äh, dachte ich, freut Dich vielleicht. Schönen Gruß!

Harry

AUF DIE BITTE, DEN BESTEN IRISCHEN WHISKEY ZU EMPFEHLEN

Liebe Gaby B.:   11-5-11

Mit Paddy können Sie gar nichts falsch machen; der ist sowieso der preisgünstigste und mein Lieblingswhiskey –, aber auch mit Powers und Jameson liegen Sie total richtig. Tullamore Dew wurde zwar von hc artmann als »Touristenwhiskey« bezeicnet, aber ich empfinde das Votum als etwas hart. Die Nobelmarke Redbreast wird von Ralf Sotscheck empfohlen (ich, der ich auf den Cent achte, kenne sie noch nicht aus eigener Erfahrung), und Old Bushmills (auch in der höherpreisigen Variante Black Bush) ist der zu meidende Protestantenschnaps.

Ich erinnere mich natürlich sehr genau an Singen. Und an Sie. Und an Gaby Hauptmann. Ich vergesse nie ein Gesicht. Geschweige einen Namen –, sei es Personen-, sei es Orts-. Und falls ich mich doch einmal an etwas nicht erinnern sollte, dann möglicherweise, weil ich es vergessen habe. Anders könnte ich mir das nicht erklären.

Schönen Gruß!!!

Ihr Harry Rowohlt

AN JAKOB ARJOUNI

Lieber Jakob: 11-5-11

Danke, Du hast mir sehr geholfen.

   Ich übersetze gerade den 2. Band mit abgelehnten Kurzgeschichten von Kurt Vonnegut und eben jetzt eine Geschichte
mit dem Titel »The Man Without No Kiddleys«. Der betreffende Mann sagt »kiddleys« statt »kidneys« und belästigt jemanden, der in Ruhe Shakespeare-Sonette lesen will und
glaubt, es gehe um Kinder. Was macht man nun auf Deutsch,
damit jemand statt »Nieren« »Gören« versteht? – Nun, ich
habe endlich *Cherryman jagt Mr. White* gelesen (voll beklem-
mend; Klasse, Alter; weißt Du ja sowieso), und da kommt der
Ninu vor, und nun hat die Geschichte den deutschen Titel
»Der Mann, der wo keine Ninus nicht hatte«, so daß man, da
die Geschichte in Tampa (Florida) spielt (wo es zwar, als sie
geschrieben wurde, noch keine nennenswerte kubanische
Exilgemeinde gab, aber leck mich doch am Arsch), gaaaanz
leicht »niños« verstehen kann. (Als Tilde hat mir früher immer
ein mit Tipp-Ex Flüssig abgesägtes My gedient, jetzt habe ich
ein neues Typenrad, und da ist an Stelle des My ein @-Zei-
chen, welches sich ebenfalls einigermaßen zur Tilde zurecht-
sägen läßt, ich lasse das @-Zeichen aber unversehrt, weil es
wie ein Sendbote ist aus der modernen Gegenwart.)

   Außerdem hast Du mir bei einem ebenfalls außerliterari-
schen Aspekt geholfen, weil ich dem Klappentext entnom-
men habe, daß Du 1964 geboren bist, ich aber immer dachte,
ich hätte erst 1965 Abitur gemacht, was trotz Sitzenbleiben ein
bißchen spät gewesen wäre. Da ich Dich aber schon kannte,
als Du noch so:) warst und man *erst* Abitur und *dann* Lehre
bei Suhrkamp macht, hat das irgendwie und hochdiffus

meine Ehre als ehemaliger junger Mensch wiederhergestellt. Auf jeden Fall kenne ich Dich lange genug, um stets sagen zu können: »Ich habe immer schon gewußt, was in ihr steckt.« Und tschüs. Ich bin froh, daß es Dich gibt.

Dein Harry

VON JAKOB ARJOUNI

Lieber Harry,   27.6.2011

und jetzt ist schon wieder Ende Juni, und seit sechs Wochen
trage ich den Satz mit mir rum: Ich hätte den Cherryman-
Roman auch nur für einen so schönen Brief von dir geschrieben.

Können wir bitte mal wieder irgendwo aufeinandertreffen?
Das letzte Mal war's in Frankfurt auf der Buchmesse, da hattest
du kurze Haare, und der Kein & Aber-Verleger (Namen vergessen, meine Psychologie funktioniert genauso einfach und
unsubtil wie der Motor meines R4) hat sich entschuldigt,
nachdem ich ihm in die Arme gelaufen und mir nichts anderes
übriggeblieben war, als ihm meine Meinung zu was zwischen
uns – also zwischen Kein & Aber-Verleger und mir – zu sagen,
und du hast dahinter gesessen und ins Ungefähre geblickt, und
ich dachte: Aha, Autorentreue, da meckert einer seinen Verleger wegen irgendwas an, da blickt der lieber mal ins Ungefähre, und das verstehe ich als alter treuer Meinenverleger-
liebender sehr gut. Da wollte ich nicht für einen womöglich
betretenen Dreier sorgen und hab darum nicht hallo gesagt.
Obwohl: Wahrscheinlich hast du einfach nur müde in die Gegend geguckt, vielleicht an ein schönes kühles Glas Apfelwein
gedacht, und wer sich da vor dir durch den Gang schiebt oder
rummeckert – völlig egal.

Jedenfalls: Könnten wir bei einer der Buchmessen in Leipzig oder Frankfurt oder bei der Lit oder beim Großdinkelfelder Literaturherbst oder wo auch immer und falls wir beide
dort sind, uns das nächstemal finden? Und gemeinsam ein Ge-
tränk zu uns nehmen?

Ich bin nämlich auch froh, daß es dich gibt. Noch ein bißchen froher wäre ich, wenn es uns hin und wieder zusammen gäbe.

Und jetzt muß ich Kinder ins Bett bringen (wegen denen hat das mit dem Satz hinschreiben auch so lange gedauert).

Alles Liebe,
dein Jakob

AN JAKOB ARJOUNI

Lieber Jakob: 30-6-11

Das mit dem Ungefähren mußt Du verstehen. Ich bin mit Peter Haag (denn so heißt er) nicht nur befreundet, nein, ich bin außerdem auch noch Götti seiner Tochter Fanny, genannt Mutz Pinselohr, einem Dreckspatz von einem Wildfang, *und* Ehrentambour der Lozäärner Rüüsfrösch, er dagegen Trompeter bei einer gegnerischen Guggenmusik, deren Namen zu erwähnen mir freilich widerstrebt (ich sage ja auch nicht: »HSV.«). Du hättest mich trotzdem anherrschen können: »Genug ins Ungefähre geblickt, fokussiere dich gütigst, du oller Dienstschieber!«

Mit dem Großdinkelfelder Literaturherbst sieht es ganz schlecht aus; da bin ich, glaube ich, bereits in Oelde oder in Borken eingeteilt. *Wir*, Du und ich, wir treffen uns wenigstens alle Jubeljahrzehnte mal, in Hôtelhallen z. B., wo Du selbdritt die Diogenes-Kultur ins Anschlußgebiet einschleppst, Wladimir Kaminer dagegen hat mal geschrieben, daß ich immer drei Tage zuvor da war oder in drei Tagen erwartet werde und er immer, wenn er Frittengestank wahrnimmt, an mich denken muß. (Weil in meinen Verträgen steht, daß ich nicht in einem Hôtel untergebracht sein möchte, in dem es nach Friteuse stinkt, weshalb er gern von Veranstaltern gefragt wird, ob usw., und so schließt sich der Kreis.) Aber wenn ich ihn doch mal treffen sollte, werde ich zur Begrüßung sagen: »Mi jedjen w Emm-Tjä-Ess; djen charoschí!« (»Wir fahren in die Maschinen-Traktoren-Station; der Tag ist schön!«), *so*viel ist sicher.

(Jetzt habe ich gefrühstückt. Zwei getoastete Scheiben – eine davon ein Knust – »Niebüller Knust« mit 1 Weißwurscht bzw. Blauschimmelkäse. Gleich fällt mich die postprandiale Narkolepsie an. Wie wird mir … Muß schließen …)

Für die 16 abgelehnten Vonnegut-Geschichten habe ich mich nicht nur bei Dir bedient. Einmal sagt jemand: »Ich bin entzückt, dich zu erblicken«, und das sagt Satschesatsche immer in *Kolks blonde Bräute* von Frank Schulz. (Satschesatsche heißt er, weil er immer, wenn er besoffen ist, so besonders schön singt, und zwar am liebsten ein Lied mit dem Refrain »Satschesatsche Satschesatsche long long time«.) Und in dem Buch, das ich eben jetzt übersetze, kommt ein Imbiß namens »Greasy Ian's House of Slops« vor, »Ingo Fettig's Schlabberkate« –, bis ich vorgestern jäh innewurde, daß der Name Ingo in der Schlichtgastronomie durchaus einen Klang hat. Sonntagabends wird nämlich unweit von hier in der *Eppendorfer Grill-Station* »Dittsche« live aufgenommen, mit Olli Dittrich als Dittsche, einem zutiefst verstörenden Versager mit Puschen und Bademantel, der Ingo, den geplagten Imbißbetreiber, und einen Gast namens Schildkröte vollquatscht, bis Schildkröte das erlösende geflügelte Wort ausspricht: »Halt die Klappe; ich hab Feierband.« (Uwe Seeler ist mal als Stargast für Schildkröte eingesprungen, mit Spickzettel:

HALT DIE
KLAPPE ICH
HAB FEIER-
ABEND)

Kurz danach traf ich Olli Dittrich, und der sagte, als ich ihm das mit der Schlabberkate sagte: »Das ist ja eine hohe Ehre.« (Klammer wieder auf: Das betreffende Buch ist der 6. Band einer schwerstbekifften englischen Kinderserie von Andy Stanton über den widerwärtigen Mr Gum, und alle kleinen Mädchen, mit denen ich mich darüber bisher ausgetauscht

habe, identifizieren sich nicht mit Polly, der 9 Jahre alten hel-
denmütigen Heldin, sondern mit dem widerwärtigen Mr Gum,
der Kinder, Spaß und Maiskolben mit Butter und Salz haßt.
Man hat die Fackel offenbar weitergereicht.) Der Brief an
Dich ist eine sehr willkommene Unterbrechung, weil ich den
6. Band sonst zu schnell wegübersetze, um zu sehen, wie es
weitergeht; so blöd ist man ja.

Anna Mikula von DAS BUCH in Eppendorf läßt ausrichten, daß sie *Cherryman* neben der Kasse gestapelt hat und verkauft wie Briefmarken bei der Post. Siehst Du, jetzt habe ich
doch noch was Wichtiges hingeschrieben.

Wie der Hamburger sagt, bzw. brüllt: »ERSTMAL!!!«

Dein Harry

AN CHRISTINE SCHNEIDER, SAUERLÄNDER VERLAG

Liebe Christine Schneider: <bzw. :)>   31-5-11

Na? Gut erholt zurück am Arbeitsplatz? Sie hatten mir ja versehentlich zwei Seiten aus einem befremdlichen Kinderbuch gefaxt, die mich in lichte Aufregung versetzten, aber es hat sich éé dann alles glücklicher Weise als Sparmaßnahme-cum-Falschrumreingelegt herausgestellt (wobei ich das »glücklicher Weise« als einmaligen Ausflug in die Neue Rechtschreibung anzusehen bitte).

Ich habe gerade zwei wunderschöne lange Bücher abgelehnt, Ken Bruen schraubt noch an seinem 9. Jack-Taylor-Krimi …, kurz: Schicken Sie mir doch bitte mal den 6. Mr Gum! Ich würde keinen Mucks machen, wenn ich mit dem 2. Band Vonnegut, *Abgelehnte Kurzgeschichten* nicht bereits auf S. 236 (von 253) wäre.

Ich sammle fleißig – wir Übersetzer sind ja 24 Stunden pro Tag im Dienst – putzige Fehlformulierungen für Polly, die ich zwar stante Pedro wieder vergesse, die aber, wenn sie gebraucht werden, bestimmt wieder da sind wie die Einsen, und bei Vonnegut stand gerade, um zu zeigen, daß es jemandem gutgeht: »Er fuhr einen neuen hummerkremsuppefarbenen Cadillac.« Bisher hatte ich diese Farbe immer als »Tomatensauce im Krankenhaus« bezeichnet, aber man kann es ja auch positiv ausdrücken.

Schönen Gruß!!!

Ihr Harry Rowohlt

DB FERNVERKEHR AG
STEPHENSONSTR. 1
60326 FRANKFURT AM MAIN
UID NR.: DE 260656754

Zugnummer: ICE   000596
Dienstnummer: 010997
Wagennummer: 938058040479

                              MC #01
REG RONDORF 13-11-2016 16:24   C00174
PLATZNUMMER. 999540

RECHNUNG

RECHNUNGSNUMMER.   92

1 BITBURGER -GLAS 0,5 L EUR 3,90
   TOTAL   EUR 3.90
   BAR   EUR 3,90

   NETTO   EUR 3,28
   MWST   19%   EUR 0,62

Es bediente Sie: HERR RONDORF
Verkaufsort: APS-1.KL

MWST-AUSWEIS: LEISTUNGSORT GEMÄß
ART. 57 RICHTLINIE 2006/112/EG

MEHRWEG STATT EINWEG DER UMWELT ZU LIEBE
  SIE BRINGEN IHREN MEHRWEGBECHER MIT,
      WIR BEFÜLLEN IHN MIT KAFFEE.
UNTERSTÜTZEN SIE UNS MÜLL ZU REDUZIEREN.

AN NIKOLAUS HEIDELBACH

Lieber Nikolaus: 3-6-11

Jetzt ist auch dieses Buch gelutscht, und ich habe mir erlaubt, Dir die letzte Geschichte zu kopieren und auch zu schicken, weil sie im Dir so vertrauten Künstlermilieu spielt. Ferner bin ich heute nachn Haarschneider hin, und es war wieder die reinste Dorfstraße: Paul Kersten, Volker Lechtenbrink (»Wir müssen uns woanders treffen; die Kollegen tuscheln schon.«), Natias »Natze« Neutert (dessen Hund Nino jetzt einen Schein gemacht hat, daß er nicht an der Leine geführt werden muß, sondern alles alleine kann), und alle einhellig: »Na? Wars nachn Haarschneider hin?« Ich *kann* Dir sagen, oder, wie Jan Fedder gestern abend in »Meine Tochter und der Millionär« in Blankenese sagte: »Ich weiß nicht, was man hier sagt, aber in Hamburg sagt man tschüs.«

Dein Harry

EINE ABSAGE AN GERD HAFFMANS

Chef, weißt Du was?

Ich bin auf S. 13 und weiß ganz klar: »Ich will nicht wissen,
wie es weitergeht mit dieser ★★★★verdammten Rollenprosa«,
d. h. *lesen* würde ich das schon mal nicht –, und dann erst über-
setzen?! In meinem Alter heißt es außerdem Gott versuchen,
wenn man zu lange Übersetzungsaufträge annimmt. And shit.
Gut gefallen hat mir der Satz »Until Ben.«. Da wüßte ich auch
recht genau, wie ich ihn übersetzen würde. Tut mir leid, daß
ich dies noch zusätzlich hinausgezögert und Dir Hoffnung
gemacht habe, Nichtswürdiger, ich. Locker gesetzt mit vielen
freigeschlagenen Zeilen hin, locker gesetzt mit vielen freigeschlagenen Zeilen her –, vier Jahre hätte ich *doch* gebraucht,
bei all meinem Nebenbeischeiß, und vier Jahre sind zu lang
für *jedes* Buch. (Vor Jahren sagte mein Freund Ebi: »Was, du
hast ein digitales Fieberthermometer? Aber zu blöd für einen
Computer.« Ich <zum Schein zerknirscht>: »Deshalb hackst
du ja auch eine Übersetzung in zweieinhalb Jahren runter, für
die ich mit der Schreibmaschine fast zwei Wochen lang
schufte.« Danach natürlich allgemeine Empörung der Damenwelt, weil ich dem armen Ebi immer so zusetze.) (Außerdem ist mir dieser Messias zu christlich. Ich hatte den Messias
immer als etwas zutiefst Jüdisches empfunden, denn, wie ich
einmal zu einer Zeugin und einem Zeugen Jehovas sagte:
»Wer Jesus für den Messias hält, sollte mal einen Blick auf die
Welt werfen«, worauf sie – »Augenblick!« – verschwanden und
mit Spezialbroschüren für die Judenmission zurückkehrten.
Immerhin. Hätte ich ihnen nicht zugetraut.) So. Jetzt lastet ein
Alb weniger auf mir, auf Dir wieder einer mehr. Aber stell Dir
vor, Du bekämest ein Fax, welches so anfängt: »Chef, weißt

Du was? / Ich bin auf S. 217 und weiß ganz klar usw.«. Wäre
auch nicht schön. Und tschüs.

Dein alter Harry

AN EINEN VERANSTALTER

ZUM HEUTIGEN WELTKINDERSICHERHEITSTAG JESKO/JULIO ALLES GUTE!

Liebe W.:   10-6-11

Ich habe, glaube ich, mein Mützchen (das von Claudia Gildemeister in der 2. Halbzeit in Delbrück gestrickte) auf Schloß
Hamm vergessen, **ABER** ich habe ein Ersatzmützchen, wie
sich das für Erwerbsnomaden gehört. Und die von Forstdirek-
tor Krämer selbst aufgeklaubte und eingekochte Walderdbeer-
konfitüre ist auf der Reise geringfügig aufgegangen. Und, fällt
mir ein, wo ich Euch gerade faxe, übermorgen muß ich nach,
keine Namenswitze, **GOTHA.** (Ich glaube, ich habe das
bereits erzählt, *glaube* es aber nur. Apropos Gotha. Ich sollte
neulich dem dt. *Wer ist Wer* meine persönlichen Daten und
Triumphe zusammenstellen –, was die alles aus Wikipedia hätten herausziehen können, aber dann hätten sie »Quelle: Wikipedia« angeben müssen, und das hätte ihnen wohl zu pupsig
ausgesehen, ich aber hatte keine Lust / Zeit und schrieb an die
Redaktion: »Sehr geehrter Herr Dingens: Solang der *Bonner
Generalanzeiger* meldet, daß ich mir eine Jacke gekauft habe, ist
meine Berühmtheit das Letzte, worum ich mir Sorgen machen muß.«) Ferner zeichnet sich Stunk ab, weil Martin Pun-
tigams Laudatio auf mich mittendrin abgewürgt wurde. Seine
Agentin, die glutäugige Zigeunerin, hat mir den vollständigen
Text geschickt, aus dem u.a. daß ich, entgegen dem, was man
allgemein zu wissen glaubte, *nix* mit Mutter Teresa hatte, her-
vorgeht. Und Paula hat mir zum Schluß, weil sie ihren Origi-
nalprügel unter all den Weinflaschen in der Schlucht doch
nicht gefunden hat, ein Ersatzstöckchen apportiert; Subtext:

»Das merkt der nie, hundeloser Stadtzausel, der.« So. Nun muß ich alles andere machen. Dank, Dank, Dank über Dank!!! (Eben hat mir Fritz-Peter Linden gefaxt, was er *ei*gentlich geschrieben hat.) Und tschüs.

Ihr/Euer Harry Rowohlt

AN EINE VERANSTALTERIN

Liebe Martina St.:   11-6-11

Eben habe ich mein Hasenbrot von der Shell-Tankstelle in Troisdorf gefrühstückt, und plötzlich war alles wieder da. Ich bin nämlich der erste Mensch der ganzen Welt, dem es gelungen ist, sich in Troisdorf zu verlaufen. Ich habe ein Orientierungsvermögen wie eine Frau mit einem schlechten Orientierungsvermögen, und genau den Weg vom S-Bahnhof zum Hôtel, Sieglarer Straße, Willy-Brandt-Ring, zack ist man da, habe ich zurück nicht mehr gefunden. Über Nacht war dort ein mit Nato-Draht gesichertes Fabrikgelände entstanden, unüberwindbar, und die S-Bahn nach Köln und der Bummelzug von Köln nach Bitburg-Erdorf waren weg. Da habe ich, weil ich dringend pinkeln mußte, eine Regionalbahn nach Koblenz genommen. Schuld war nur das Wetter, denn wenn es nicht aufgehört hätte zu regnen, hätte ich mir ein Taxi geleistet. So habe ich mir mein Preisgeld samt Trophäe und Freßkorb doch noch redlich verdient.

Ruthchen Oppl, das Sonnenscheinchen, ist mucksch, weil man Martin Puntigam auf halbem Wege das Wort entzogen hatte. Ich habe ihr gesagt, das sei schließlich ihr Job, nämlich mucksch zu sein, aber auch ich find es bedenklich, Martin Puntigam, dem von seinen Zeitgenossen – noch! – verkannten Giganten, das Wort zu entziehen, anstatt jede einzelne Sekunde zu genießen, die man an seinen Lippen hängend verbringen darf.

Die Brötchen von der Shell-Tankstelle sind übrigens, was nicht jeder weiß, Roggenbrötchen in Form einer Jakobsmuschel, wegen SHELL, o ja.

Schönen Gruß!!! Vielen Dank!!!

Harry Rowohlt

AN EINE VERANSTALTERIN

Liebe Gesine K.: 11-6-11

Bevor alles gar nicht mehr wahr ist, möchte ich mich rasch bei Ihnen und dem gesamten vorbildlichen Verkaufs- und Veranstaltungskollektiv bedanken.

Einzigartig und beschämend war für mich, der ich noch jedes Gästebuch geknackt habe (in Minden sogar drei von drei verschiedenen Veranstaltern), daß mir kein Reim auf »Werther« und auf »Aula« eingefallen ist. Zumindest kein schmeichelhafter. (Am nächsten Tag in Bonn gab es Paulaner, so daß sich ein *Enjambement* mit

```
...................... Aula
.................... Paula-
ner .......................
```

aufgedrängt hätte, aber dafür gab es in Bonn weit und breit keine Aula.) (In Menden, wo sein Theaterstück *Die Toscana-Therapie* welturaufgeführt worden war, schrieb Robert Gernhardt ins Gästebuch: »Spielt man mich erst in Menden, / Dann wird sich alles wenden.« Da hatte er Glück, daß das nicht in Werther welturaufgeführt worden war. »Spielt man mich erst in Werther, / Dann wird's statt weicher härter« hätte es nicht gebracht.)

Nächstesmal. Schönen Gruß!

Ihr Harry Rowohlt

Lieber Günter M.-R.:   14-6-11

Das war ja wirklich ein angenehmer Besuch. Roger Willemsen erzählte vor Jahren bleich, der Bahnhof von Gotha habe
von gewaltbereiten Skinheads nur so gewimmelt, weshalb
ich Anfang Mai auf der Piste Coswig–Zwickau–Chemnitz–
Weiden/Oberpfalz in Gotha vorsichtig aus dem Zugfenster
plierte, und nichts war. Diesmal war ich auf dem Bahnhof die
einzige Glatze weit und breit.

Auf der Rückfahrt setzte sich eine Mutter mit ausdauernd
plärrendem Wickelkind unmittelbar hinter mich und stieg in
Göttingen zielstrebig in den ICE nach Hamburg um, ließ
diesmal aber zwei Reihen hinter mir dazwischen. Einmal, aus
dem Wickelraum zurückkehrend, sah sie mich vernichtend
an, weil sie, glaube ich, bemerkt hatte, daß ich mir Bohnen in
die Ohren gesteckt hatte. Dabei hatte sie das Balg meiner Ansicht nur dabei, damit man sie nicht für einen Typ hielt. In
Celle stieg sie dann aus, offenbar, um den Arno-Schmidt-
Platz zu beschallen. PLOPP zog ich mir, als ich dessen sicher
sein konnte, die Bohnen aus dem Kopf. Das war – zumindest links – ein Fehler, denn im heimischen Mörderpark zwischen dem U-Bahnhof Kellinghusenstraße und der Eppendorfer Landstraße flog mir was ins linke Ohr und blieb drin.
Ich bekam es glücklicherweise wieder raus, und es war ein
schwarzer Marienkäfer mit roten Punkten, Immigrantenge-
socks, das unsere richtig rum punktierten vertreibt.

Sonst habe ich beim besten Willen nichts erlebt, und so
ein schönes verwunschenes knopfgroßes Theaterchen habe
ich ja wirklich noch nie bespielen dürfen. Vielen Dank nochmal, und grüßen Sie Ihre liebe Frau, den Techniker, die bei-

den unerschrockenen Feuerwehrleute, die Buchhandlung und was weiß ich. (Als ich am Nachmittag schon mal da gewesen war, um die Lage zu peilen, hatte die Kassenfee gerufen: »Da geht's nicht weiter«, und ich hatte gesagt: »Ich bin der alte Mann vom Plakat und soll hier heute abend singen.«) (Und im Aufzug zum Frühstück fragte mich ein Herr, na, was wohl? Erstaunlich, diese Akustik in Aufzügen, wenn man »**NEIN!!**« brüllt.)

Ihr Harry Rowohlt

AN EINE VERANSTALTERIN

ZUM ERSTENMAL IN GREIZ
UND DANN GLEICH VOLL AUF »HEIZ«.

Liebe Corina G.: 18-6-11

Das ins Gästebuch zu schreiben hatte ich zunächst erwogen, verwarf es aber als vielleicht unverständlich. Erst später mußte ich feststellen, daß der Reim GREIZ/REIZ schwer ausge, äh, reizt ist, aber da war es beREITS nicht mehr rückgängig zu machen. Aber so ist es immer. Kaum ist es zu spät, schon SCHREIT'S nach besseren Möglichkeiten.

Ich glaube, am schönsten war die Stelle mit »André, bitte Kathedrale« −, woraufhin mein bekannter lyrisch timbrierter Kavaliersbariton erscholl wie sonst allenfalls im Bahnhof von Köln-Deutz (der eine Akustik hat wie nur je ein Zisterzienserkloster).

Vielen Dank für die vorbildliche Planung und Durchführung, sowie besonders dafür, daß die Vogtlandhalle so schön voll war. Das kommt in meine Bewerbungsunterlagen: »Habe die Vogtlandhalle vollgekriegt.«

Grüßen Sie André, Ihre scharmante Kollegin, Ihren lieben Mann, das Bücherwurm-Kollektiv, und ansonsten gilt:

> WENN UNBEDINGT VEITS-
> TANZ, DANN NUR IN GREIZ.

Enjambement, merken wir uns.

Ja chará!
Ihr Harry Rowohlt

AN EINE VERANSTALTERIN

Liebe Michaëla: 18-6-11

Ja, da flehe ich doch erstmal alles Erdenkliche auf Euch herab!
Glückwunsch, Glückwunsch.
  Aber vom 2. bis 3. Februar war ich schon mal in der Schweiz
(Rubigen, Luzern und, ja, Zürich), und am 28. Oktober muß
ich schon wieder hin, das wird mir zuviel, manchmal will ich
auch einfach faul zu Hause sitzen und arbeiten.
  Zum Vergleich: 2010 z.B. – z.B., weil das vorbei und überschaubar ist – hatte ich 97 Lesungen, 14 *Lindenstraßen*-Dreh-
tage, habe 4 Hörbücher vollgelabert und – und jetzt kommt's –
9 Bücher übersetzt. Diese astronomische Zahl erkläre ich mir
zwar damit, daß das großenteils Kinderbücher waren, bei
denen man die Illus nicht mitzuübersetzen brauchte, und Kri-
mis (Klick/neue Zeile/Aufgelegt/neue Zeile) mit der ihnen
eigenen Lakonik, aber einen Schreck kriegt man doch. Ich
kann mir diesen Fleiß nur nach wie vor damit erklären, daß
ich nicht mehr saufe und nicht viel Erfahrung mit Freizeit-
gestaltung habe. (In diesem Jahr sind es schon mal bisher
54 Lesungen, und zwar mit *Betonung*.) (Vorgestern in Greiz
war mein Lieblingserlebnis in der nagelneuen Vogtlandhalle,
wie ich nach der Pause, um den Greizerinnen und Greizern
die teure Akustik vorzuführen, nach der Pause vor den
3 Hymnen zum Techniker sagte: »André, bitte Kathedrale«,
dann erscholl mein lyrisch timbrierter Kavaliersbariton so ma-
jestätisch wie sonst allenfalls im Bahnhof von Köln-Deutz,
aber hallo.) Außerdem, wenn ich nun schon zum zweitenmal
den gläsernen Übersetzer gebe, wird das doch allmählich zu,
äh, durchsichtig.
  Noilichst in der Südeifel habe ich einen schönen weisen

Spruch gehört, im Original völlig unverständlich, aber auf deutsch so: »Am schönsten ist es immer noch auf der Welt –, vorausgesetzt, man ist auf ihr drauf und kennt die Häuser.«

Ich drücke Dich.

Harry

AN TINO HANEKAMP, ZU DESSEN ROMAN »SO WAS VON DA«

Betr.: Klugscheißerliste

Lieber Tino Hanekamp:

Da wir uns gaaaaaanz bestimmt vom Ue&Ge* her kennen, nehme ich mir die Freiheit, Sie zu duzen.

Ich, der ich sonst deutsche Gegenwartsromane scheue, habe gerade *So was von da* beseligt auf einen Haps durchgelesen. Sogar der schwarze Farbschnitt spielt mit und sperrt sich mit leisem *krrkch* gegen das erste Umblättern.

Ich sitze in der Jury des Kasseler Literaturpreises für grotesken Humor und habe mir erlaubt, *Swvd* für den Förderpreis zu empfehlen –, nicht weil es da noch viel zu fördern gäbe, sondern wegen des Alters des Autors. Frank »Schulzi« Schulz z. B. hat dieser Preis seinerzeit zum entscheidenden Tritt in den Arsch verholfen, und in diesem Jahr habe ich Jan Neumann für sein Einpersonendramolett *Knolls Katzen*, glaube ich, sehr glücklich gemacht.

(Ich habe übrigens einer Freundin, die mir alles glaubt, erfolgreich weisgemacht, daß im Uebel und Gefährlich nach den Veranstaltungen im Bereich zwischen Tresen und Herrenklo von den Illuminaten Menschenopfer dargeboten werden. Seitdem war sie nicht mehr da. Nicht, daß sie das ge*glaubt* hätte, aber man hört ja soviel.) (Dargebracht, nicht dargeboten.)

Und damit bin ich bruchlos bei der Klugscheißerliste, die der Verlag für die unzähligen verdienten Neuauflagen berück-

---

* *der Club Uebel & Gefährlich in Hamburg*

sichtigen kann, die ersten beiden Bemängelungen noch ohne Seitenzahl, weil in der Eisenbahn gelesen, die danach mit, weil auch in der Eisenbahn gelesen, aber was zu schreiben dabei.

Die amerikanische Botschaft an der Außenalster ist natürlich keine Botschaft, wir sind ja nicht in Berlin, sondern ein Generalkonsulat.

Hinfort. Das heißt »in Zukunft«. »… und sündige hinfort nicht mehr«, sagt Jesus zu Maria Magdalena. Empfehle »hinweg«.

Dereinst. (S. 182) Heißt ebenfalls »in Zukunft«. Empfehle »einstmals«. »Halt die Kappe.« (S. 201) Schlichter Satzfehler. »Klappe«.

»Ihro« (S. 211) ist Genitiv. »Ihro Gnaden großmütige Erlaubnis vorausgesetzt«; empfehle »Euer«.

»… einen Flunsch« (S. 212).

»… *beauty* …« (S. 219, 3. Zeile von unten) mit kleinem b.

Am 6. April dieses Jahres sagte ich zu Beginn der machtvollen Auftaktveranstaltung des Alternativen Literaturfestivals »Tschüss Vattenfall« in den Räumen des Uebel & Gefährlich im Feldstraßenbunker: »Ich möchte im Namen aller an diesem Festival beteiligten Hamburgerinnen und Hamburger auf das schärfste gegen das zweite S in ›Tschüss Vattenfall‹ protestieren. Das ist übelstes Quiddjetum. ›Tschüs‹ kann man gern mit zwei oder noch mehr Ü schreiben, aber nie und nimmer mit zwei S!« Man kann sich vorstellen, wie das Haus tobte (wie es immer am Schluß der völlig pointenlosen Anekdoten einer Anekdotensammlung über das Hamburger Schauspielhaus heißt, die ich mir mal in der Grabbelkiste der Hamburger Fundgrube für Bücherfreunde am U-Bahnhof Stephansplatz gekauft habe). (S. 269, Zeile 4) Empfehle »Tschüs«.

– – – Schön ist auch, einen Roman zu lesen, in dem man zwei Romanfiguren persönlich kennt, Frank Spilker und DJ

Patex nämlich. Satschesatsche aus *Kolks blonde Bräute* von Frank Schulz durfte ich erst nach der Lektüre kennenlernen. Der heißt Satschesatsche, weil er immer, besonders, wenn er besoffen ist, so schön singt, und dann besonders gern das Lied mit dem Refrain »Satschsatschesatschesatsche long long time«. – – –

Und nun werde ich einen fulminanten Schluß für meine Leipziger Poetikvorlesung schreiben, weil seine Magnifizenz, Akademiepräsident Josef »Pepi« Haslinger, gesagt hatte: »Ohne an fulminanten Schluß wird das nicht in der edition suhrkamp erscheinen können«, und das wollen wir ja nicht, daß was nicht in der edition suhrkamp erscheint. Und tschüüüs!

Harry

VON TINO HANEKAMP

Lieber Harry Rowohlt,   Berlin, 17.7.11

was habe ich mich über Ihren Brief gefreut! (Den ich übrigens erst vor zwei Wochen erhalten habe, weil ich länger nicht in Hamburg war, wo der lag, im Club, wo Sie ihn logischerweise hingeschickt hatten, weswegen ich Ihnen jetzt erst antworte.) Enorm habe ich mich über Ihren Brief gefreut, ganz stark! Zum einen natürlich über Ihr Lob, mit dem ich wirklich nicht gerechnet hatte. (Daß Sie das Buch lesen... Und dann auch noch so gut finden!) Das war für's Gemüt, macht Mut und motiviert. Und dann Ihre Klugscheißerliste – unbezahlbar! Alle Ihre Änderungen habe ich an meinen Lektor weitergeleitet, der übrigens gerne dazulernt. Und kurz darauf wurde die (krass) dritte Auflage gedruckt. Also perfektes Timing. Vielleicht sollte da noch ein Aufkleber drauf: »Neu lektoriert von Harry Rowohlt.« Würde sicher vollkommen neue Leserschichten erschließen. Es wurden fast alle Ihre Änderungsvorschläge übernommen, nur die/der Flunsch blieb weiblich. Es geht beides, meint der Lektor, und ich finde, »der Flunsch« klingt einfach falsch, obwohl es sicher richtig ist, aber wie das so ist, mit den Fehlern, an die man sich gewöhnt hat – irgendwann sind sie keine Fehler mehr. (Sie, als Sprachbewahrer, schlagen jetzt sicherlich die Hände überm Kopf zusammen ...)
   Da habe ich gleich mal noch eine Frage an Sie, wenn Sie gestatten: Ist es eigentlich korrekt, wenn man sagt, »das erinnere ich nicht mehr«? Oder kann es nur heißen: »Ich erinnere mich nicht mehr«? Da bin ich mit meinem ebenfalls sprachverliebten Mitbewohner uneins, der behauptet, »das erinnere ich nicht mehr« sei eine aus dem Englischen ins Deutsche geflutschte Formulierung und Quatsch. Von Ihrem Tschüs-

Anfall bei uns im Club habe ich übrigens gelesen, in der Zeitung, konnte selber nicht vor Ort sein, und eigentlich schreibe ich das Wort auch immer meinem einem »s«. Das zweite muss mir der Verlag da reingedrechselt haben! Das sind Kölner!!!

Aber davon mal abgesehen: Ein Quiddje bin ich gern, wird man ja als Zugezogener ohnehin immer bleiben, und die Hamburger waren mir stets suspekt mit ihrer Volksstammmentalität. Ich bin Ossi, Wendekind aus der düstersten Kupferbergbauprovinz, da ist man quasi heimatlos, es gibt kein Zurück, und das ist auch gut so und vermutlich die beste Voraussetzung, um Weltbürger zu werden. Vieleicht haben Sie sich schon gefragt, warum ich Sie immer noch sieze, wo Sie doch in Ihrem Brief gleich ins Du verfallen sind. Das fand ich gut, aber Sie möchte ich trotzdem gerne noch ein bißchen siezen, das fühlt sich einfach angemessen an, ich hoffe, Sie sind mir nicht böse und duzen mich weiterhin. Und in der Tat sind wir uns im Ue&G schon ein, zwei Mal begegnet. Daß Sie sich nicht daran erinnern, oder: das nicht mehr erinnern (klingt falsch, könnte aber auch alt sein), liegt an meiner mir eigenen höflichen, einem Gastgeber angemessenen Zurückhaltung.

Es freut mich übrigens ebenfalls enorm, daß Sie mein Buch für den Förderpreis dieses Kasseler Literaturdingensens empfehlen möchten. Jeder Arschtritt ist willkommen! Obwohl ich mir selber gerade täglich welche verpasse. Bin nämlich vorübergehend nach Berlin gezogen und werde mich ab September nur noch ums Schreiben kümmern, auf daß es besser werde und überhaupt. Im Club wird mich dann ein vortrefflicher junger Mann ersetzen, den zu finden kein Leichtes war, aber irgendwie fügt sich dann ja doch alles, auch wenn's oft dauert. Ja, warum jetzt Berlin? Wegen der Energie, weil mich die Liebste verlassen hat, zehn Jahre Hamburg reichen, und ich hier mit einer Regisseurin am Drehbuch zum Roman arbeite, der soll nämlich verfilmt werden, und ich habe ein tolles Team aus ebender Regisseurin und zwei Produzenten gefunden, das könnte also gut werden, oder aber doch das übliche Gemetzel im Haifischbecken Filmwelt, der schon ganz andere zum Opfer gefallen sind, mal sehen. Aber wenn irgendwo eine schöne hohe Hürde hängt, muss man Anlauf nehmen und versuchen, drüberzuspringen, finden Sie nicht?

Der von Ihnen so gepriesene und von mir ebenfalls sehr geschätzte Frank Schulz hat übrigens auf meiner Lesung im Hafenklang in Hamburg den Kiezkalle gegeben. Das war ein Spaß – und eine Ehre. Ich wollte mir dann noch ein paar Tips zum Schreiben von ihm ergaunern, aber er mußte schnell weg, seine angebrochene Rippe kurieren (der Sessel) und weiterschreiben. Toller Typ. Irgendwie ist das hier ein Stakkatobrief. Es gibt ja gar keinen Fluß! Drum gleich mal noch eine Anekdote reingeknallt: Ich wohne hier bei meinem Freund Martin in Kreuzkölln, das ist da, wo sich die Viertel Kreuzberg und Neukölln, nun ja, quasi berühren. Unten im Haus befindet sich einer dieser türkischen Kulturvereine, in denen die Männer stundenlang im Neonlicht an Tischen sitzen, Tee trinken, Rummikub spielen und merkwürdigerweise nicht rauchen. Vorhin hat einer dieser Männer einen Stuhl auf einen Parkplatz gestellt, um diesen zu reservieren. Wohl dem, der einen Stuhl hat! Wenig später aber kam ein Auto angefahren, aus dem eine nicht ganz so vornehme Dame sprang und die murmelnd in der Sonne sitzende Männer aufforderte (manche sitzen auch draußen, denn Neonlicht macht bekanntlich depressiv, weil es nicht mehr als 300 Lux Lichtstärke hat, der Körper daher denkt, es sei Nacht, und so Müdigkeitshormone ausschüttet) – es forderte jedenfalls die Dame die Männer auf, sofort den Stuhl zu entfernen, die Parkplätze seien schließlich für alle da, und ihr reiche es langsam, also echt jetzt. Die Männer blieben davon unbeeindruckt und verwiesen auf einen Kameraden, der nur mal kurz zum Einkaufen gefahren sei, gleich wiederkomme und dann geschmeidig in die Parklücke einzulenken gedenke. Da sich die Männer auch von der Drohung, die Polizei zu holen, nicht beeindrucken ließen, holte die Dame die Polizei, die den Stuhl entfernen ließ, derweil eine wortreiche und lautstarke Diskussion entbrannte, die ich sehr gut hören konnte, während ich Ihnen diesen Brief schrieb. (Deswegen auch die ganzen Rechtschreibfehler und anderen sprachlichen Unglücke!) Nun stehen die Männer mit verschränkten Armen vor dem Wagen der Dame, die gegangen ist, und schweigen.

Leider gibt es keine Pointe. Bei Ihren Geschichten gibt es ja immer noch einen Haken, einen herrlichen Witz, eine Volte – hier nich'. Aber man sieht: In Berlin wird ebenfalls mit allen Mitteln um jeden Quadratmeter gekämpft, genau wie in Hamburg. Bald ziehe ich wieder aufs Land. In Hamburg war's Moorfleet, hier wird's wohl die Uckermark.

Jetzt habe ich Ihnen ganz schön viel Zeit gestohlen. Hat aber Spaß gemacht! Ich hoffe, Ihre Poetikvorlesung hat den üblichen fulminanten Schluß erhalten, edition suhrkamp hin oder her. Ich werde nun weiter die wörtliche Rede des Don Quijote aus selbigem Roman heraussammeln, um dann aus dem Textwust einen irren Monolog für eine Aufführung im Thalia-Theater zu basteln. Komische Idee, aber hohe Hürde – hops.

Herzlichst,
Ihr Tino Hanekamp

PS: Die rauchen da doch! Alle!

AN LORIOT

Lieber, ebenso hoch wie zutiefst verehrter   20-6-11
Herr von Bülow:

Ihre Tochter Susanne (die wegen ihrer dreckigen, ansteckenden Lache für den Referenten die halbe Miete ist; Susanne in der 2. Reihe links, und der Abend ist gelaufen) beschwor mich kurz nach dem 19. Januar, an dem ich Beiliegendes in Dussmanns Kulturkaufhaus in Berlin vorgelesen hatte, Ihnen eine Aufnahme davon zu schicken. Jetzt gibt es eine, und ich beeile mich, sie Ihnen zu schicken.

Eigentlich lese ich nur Selbstgeschriebenes und Selbstübersetztes. Dies ist die Ausnahme. Ich sitze in der Jury des Kasseler Literaturpreises für grotesken Humor, und das bedeutet, daß ich zweimal jährlich nach Kassel fahre, einmal zur Preisverleihung und einmal, vorher, um mich überstimmen zu lassen. Ich bin nämlich durchaus ein geläufiger Gut- und Schlechtfinder, ich kann meine Entscheidungen nur nicht begründen, d. h., ich kann sie schon begründen, aber meine Begründungen sind immer zu kurz und zu verständlich, und wenn die Leute einen verstehen, glauben sie einem kein Wort. Doch diesmal habe ich mich gegen eine Welt von Feinden durchgesetzt und *Knolls Katzen* von Jan Neumann für den Förderpreis durchgepaukt.

(Vor vielen Jahren hörte ich im Radio eine Podiumsdiskussion mit Walter Jens, nur war von Walter Jens nichts zu hören –, bis er plötzlich mit Barmbeker Stentorstimme leicht röchelnd »Anamneeeese getrieben!« einforderte.) Also eine Kurzanamnese von *Knolls Katzen*. Das Bochumer Schauspielhaus war teilweise ausgebrannt und hatte unter dem Motto »Ohne alles« Beiträge bestellt. Jan Neumann schickte *Knolls Katzen*, und das war es mehr oder weniger. Sein Bühnenvertrieb schickte das Werk ohne große Hoffnung nach Kassel, und alles Weitere ist, um es mit Arnold Schwarzenegger zu sagen, »history«.

Nun noch zwei Erlebnisse, die ich Ihnen seit mehreren Jahrzehnten erzählen wollte, wenn ich Sie mal treffe, weil ich dachte, die freuen Sie vielleicht.

Köln Hauptbahnhof. Lautsprecherdurchsage: »Herr Vicco von Bülow, Herr Vicco von Bülow, kommen Sie bitte zum Aufsichtshäuschen zwischen Gleis 11 und 12. Ich wiederhole: Herr Vicco von Bülow bitte zum Aufsichtshäuschen zwischen Gleis 11 und 12.« Ich und 4000 weitere Reisende wie ein Mann zum Aufsichtshäuschen zwischen Gleis 11 und 12 gestratzt –, und nix.

Riesenhaftes Bettlaken-Transparent an einem der besetzten Hafenstraßenhäuser hier in Hamburg:

»BITTE, SAGEN SIE JETZT NICHTS.«
VERHÖRBOYKOTT!

Und heute morgen habe ich schon wieder an Sie gedacht. Ich mache gerade von mir übersetzte 16 abgelehnte Kurzgeschichten von Kurt Vonnegut satzfertig, und dort steht der Satz

George kam mit vier gebrochenen Rippen, zwei gebrochenen Knöcheln, einem eingerissenen Ohr und einem Kopf voller Pirole ins Krankenhaus.

Ich danke Ihnen für Ihre Aufmerksamkeit, grüße Sie herzlich und wünsche Ihnen viel Spaß mit *Knolls Katzen*.

Ihr Harry Rowohlt

AN DIE FREUNDE RENATE UND GERD
STROUCKEN

Liebe Renate, lieber Stroucken: 24-6-11

Das wurde aber auch Zeit.

Die überaus schöne Winona Ryder (mit zum Abbeißen
süßen Ohren) heißt übrigens bürgerlich mit Nachnamen, na?
Horowitz.

Gedenken überall. Gestern waren Ulla, Anna und ich auf
dem Volksdorfer Waldfriedhof, um meinem Vater zum 124.
zu gratulieren, zünftig mit 11 roten Nelken von der Firma
Schnittblumen frisch und günstig. Beim Wegweiser

KAPELLE
VERWALTUNG

kapierte Anna meine Bemerkung »›Hau rein, Kapelle!‹ klingt
viel besser als ›Hau rein, Verwaltung!‹« nicht und mußte sie
erklärt kriegen. Auf dem Rückweg sagte ich versonnen aus
gegebenem Anlaß: »Ich glaube, ich schreibe doch einen Roman –, und sei es nur, um die Formulierung ›… doch die
rechte Trauerlaune wollte und wollte sich nicht einstellen‹
unterbringen zu können. Da fordert das Feuilleton immer
den großen Wenderoman, aber … Man kann ja das eine tun,
ohne das andere zu lassen.« Geht Euch dann signiert zu.

Heute abend bin ich in Kisdorf, einem 3800-Seelen-Kirch-
spiel in unmittelbarer Nähe von Henstedt-Ulzburg, um die
Kisdorferinnen und Kisdorfer zu verzaubern. Partnergemeinde
ist Bardsey cum Rigton in Yorkshire, Patenkompanie war – bis
zu deren Auflösung Ende 2008 – das in Bad Segeberg statio-
nierte Panzergrenadierbataillon 182 (»Hier steht kein Mensch,

hier steht kein Tier, hier steht ein Panzergrenadier.«), wovon bis heute viele persönliche Freundschaften künden. Das Jagdhornbläsercorps Diana Kisdorf dagegen erfreut durch »Bock tot«, »Jagd vorbei« und viele andere Signale. Urkundlich erwähnt wurde »Kystorpp« erstmals 1520.

Beiliegendes ist meine unverlangte Zugabe, mit der ich die Kisdorferinnen und Kisdorfer zu knacken hoffe. In Hannover sagte hinterher eine tropfnaß gelachte Dame: »Mich hat das besonders mitgenommen, weil ich Knoll heiße und zwei Katzen habe. Ich weiß, es ist irrational, aber ich muß sofort nach Hause.« (Das war nach meiner 2. – oder 3.? – Wiederholungsveranstaltung, weshalb *Stadtkind*, ein hannoversches Stadtmagazin, den *Pavillon* am Hauptbahnhof als »Harry Rowohlts neue Wahlheimat« bezeichnete –, doch dies streng *a parte*.) (Die *Hannoversche Allgemeine* rügte nach meiner 1. Wiederholungsveranstaltung, ich hätte »nicht viel Neues« gebracht.)

Vorgestern dagegen durfte Anna mich beim Schreibmaschinenkauf begleiten, zuerst mit dem 20er bis Gärtnerstraße, dann mit dem 5er bis Nedderfelder Kehre, den Rest zu Fuß, über die eponyme Kollau, die Hund Toxi, der ja eigentlich Erlo von der Kollau hieß, den Namen gab. Doch zuvor über einen zehn Zentimeter breiten Abwassergraben, den ich Anna als Nebenarm der Kollau verkaufte und zu dem eine Treppe hinunterführt. Da ich mich für Hamburg verantwortlich fühle, beschied ich Anna, die sei für Wassersportler. Und Selbstmörder. Dieser Brief ist übrigens noch auf der alten Maschine getippt; für die neue fühle ich mich noch nicht bereit. Zwei Jahre Garantie. Ich kann warten. Ein My hat sie immerhin, im Gegensatz zu dieser, die hat stattdessen ein @, denn mit einem My kann man eine Tilde nachahmen, indem man es über das erste *n* von *manana* tippt und mit Tipp-Ex Flüssig absägt. Mit @ dagegen sieht echt scheiße aus. (Gar nicht wahr, merke ich gerade. Das My wird auf der Tastatur nur versprochen, das Versprechen wird aber durch Typenrad »Exzellent« nicht eingelöst.)

Nun viel Spaß mit der neuen Enkelin. Ich habe lediglich ein veritables Patenkind, eine Range namens Mutz Pinselohr von großem Liebreiz.

Schönen Gruß!!!

Euer Harry bzw. Rowohlt

AN ULI WINTERS

Lieber Uli Winters: 16-7-11

Ich mache Ablage, und meine Lieblingsstelle ist W 2009, *W* wie *Winters*, denn als ich damals Post kriegte, hatte ich soviel zu tun, daß ich sie gar nicht richtig auswendig lernen konnte (»auswändig«, wie es bestimmt seit NeuSchreib heißt). Jetzt dagegen habe ich soviel Zeit, daß ich sogar Ablage mache.

Mir ist ganz plötzlich eingefallen, daß ich in Köln doch schon mal etwas freiwillig Komisches gehört habe. Ich habe mich mal bei einem Köbes beschwert, er sei gar nicht unfreundlich; das könne man bei einem Köbes schließlich erwarten. Er, erbleichend, sah auf die Uhr und entschuldigte sich: »Mein Dienst fängt erst in zehn Minuten an.«

Hamburg. Vor vielen, vielen Jahren in der U-Bahn. Zwei Freunde sitzen einträchtig stumm Schulter an Schulter, der eine liest Zeitung, der andere stiert nur zufrieden vor sich hin. Der mit der Zeitung: »Hier, lies das mal.« Der andere, ob der Zumutung baff: »Lesen?! Nach *deeen* Alkoholgenuß?!«

Im Silbersack war ich mal mit einer größeren Abordnung von der Kurverwaltung St. Pauli. Die Wirtin, die mit dem Knie und dem Wetter, witterte in mir den Prominenten und überreichte mir das Gästebuch. Dann las sie, was ich geschrieben hatte, machte Daumen hoch, plinkerte und blies billigend die Backen auf. Ich aber hatte geschrieben: »Endlich mal in Ruhe Rex Gildo hören. Vielen Dank! Harry Rowohlt«

Im Fernsehen habe ich gelernt, daß die Bisse des Komodo-Warans stark septisch sind; man stirbt von dem Biß, aber nicht wegen Gift, sondern wegen Zähne nicht geputzt, weshalb ich, seitdem ich das weiß, schon ein paarmal mit Erfolg den Satz »Du stinkst aus dem Rachen wie ein Komodo-Waran« verwendet habe. (Aber demnach ist Ihre Bekannte ja gar nicht nur die aus dem Auto, sondern auch die aus dem Fernsehen, so, wie ich nicht nur der aus dem Fernsehen, sondern auch der aus dem Auto bin. Da sind wir ja Kollegen. Unglaublich, diese Bandbreite.)

Ich weiß, man soll sich nicht selbst zitieren, aber auf den jetzt gleich folgenden Beitrag bin ich zu Recht stolz. Sommer, DAS BUCH in Eppendorf, Tür weit offen, draußen geht laut telefonierend ein Neger vorbei. Ich (zu Anna Mikula): »Ts, ts, ts, diese Neger.« Anna Mikula (tadelnd): »Aber, Harrybär.« Ich: »Entschuldigung. Ts, ts, ts, dieser Negerinnen und Neger.«

Und ein *Kindlein* habt Ihr auch! Wie schön. Nächstesmal werde ich den *Lindenstraßen*-Produktionsfahrer in Höhe der Fürst-Pückler-Straße 58 (das sitzt jetzt) anherrschen: »Halt!!! Ich muß hier ganz schnell dutzidutzidutzi machen!«

Unterbrechen Sie mich, wenn ich Ihnen das schon erzählt habe. Bei einem Silvester-Dreh, als wir den halbtrockenen alkoholfreien Sekt zum Anstoßen bekommen hatten, machte meine Tanzpartnerin, eine sehr süße Komparsin, 32stel-Negerin mit horizontal abstehenden Zöpfen, ganz plötzlich eine Pirouette, rempelte mich an und sagte mit der Stimme von Marie-Luise Marjan zu mir: »Hach, ich bin ja schon so betrunken; guten Abend, Herr Westerwelle.«

Zum Schluß noch eine Scherzfrage (die mir Irene Fischer, »Anna Ziegler« in der *Lindenstraße* und Drehbuch-Autorin, sowie auch Spitzenmensch, gestellt hat): »Was macht mehr Lärm, wenn man es im 7. Stock aus dem Fenster schmeißt, eine Blockflöte oder ein Akkordeon?«

Antwort: Ist doch ganz wurscht.

Ich grüße Sie und die Bekannte und das Kindlein und gern auch die Wasserhähne sehr herzlich.

Ihr Harry Rowohlt

AN TANIA UND KLAUS BITTERMANN

Liebe Tania, lieber Klaus: 19-7-11

Das war ja wirklich ein denkbar gelungener Potlatch (ja: nachgeschlagen; weiß gar nicht, zum wievielsten Male) voller Lichtgestalten, die dann auch teilweise noch was aufgesagt haben.

Vor vielen Jahren hatte Klaus einen runden Geburtstag, und am nächsten Tag waren wir im Tipi beim Kanzleramt zu Heiko Gebhards 70. Wenn, sann ich damals, Klaus' und die andere Feier attentatsmäßig gesprengt worden wären, hätte nur Klaus' bleibende Schäden hinterlassen: Auf einen Schlag wäre das gesamte literarische Leben der BRD zum Erliegen gekommen, also nicht das gesamte, aber doch das, auf das es ankommt.

Und dann auch noch Rindfleisch mit Kernöl! Wenn ich das Glück habe, von Köln nach Hamburg einen österreichischen Speisewagen abzukriegen, bestelle ich immer Rindfleisch mit Kernöl und (also früher jetzt) Grünen Veltliner, und wenn die Bedienung fragt: »Jurtschitsch oder Bründlmeier?« sage ich, als wäre das was zutiefst Unsittliches gewesen: »Na, BRÜNDLmeier!«

Und dann auch noch die angeheirateten Grazien! Und dann auch noch so viele!! Jaja, der Hunsrück mit seinem schier unerschöpflichen Humankapital!!! (Wir wollten mal in Longkamp im SPAR-Laden in der Presse- und Schreibwarenabteilung einen *SPIEGEL* haben, montags, und die SPAR-Fee fragte: »En rrrunde?«) (Das, was da gesprochen wird, heißt ja auch aus mir bis vor kurzem unerfindlichen Gründen Moselfränkisch –, aber plötzlich bekommt alles einen Sinn.)

Und Klaus hat sich – Potlatch! – seinen indianischen Kriegsnamen redlich verdient: Der-wo-im-Adlon-kackt.

Vielen Dank!!! Alles nur Erdenkliche!!!! (Auch in Ullas Namen, die sich gestern an der linken Schulter hat operieren lassen und nun im Kath. St.-Marien-Krankenhaus das Leben genießt.)

Euer Harry

AN THOMAS KAPIELSKI

Lieber Thomas: 29-7-11

Soëben aus Wien zurückgekehrt, habe ich endlich den Schluß Deines Kaffeehausführers im Corsofolio-Band Wien gelesen und mich glücklich geschätzt, gestern anderthalb Stunden vor dem Café Westend gesessen zu haben.

Ich ließ zunächst den effizienten Piefke raushängen und bestellte: »Bitte einen riesenhaften Milchkaffee, egal, wie er heißt«, und ließ mich verdient und erwartet vom herablassenden Kellnerblick durchbohren. Nach angemessen langer Servicekarenz brachte mir der Schani ein winziges Glastäßchen *latte macchiato*. »Das kannste haben«, dachte ich und bestellte später: »Bitte noch eine Melaasch«, und *da* hättest Du ihn sehen sollen. »Eine Melaasch, sehr gern, der Herr«, hastete er davon und war schneller als das menschliche Auge mit einem identen kleinen Glastäßchen *latte* wieder da: »So, i bitt recht sehr, eine Melaasch, der Herr.«

Drin war ich auch zweimal, einmal um auf dem Klo mit der Nagelbürste bei mein Angebersakko beizugehen (Flecken wie von verschütteter Mehlschwitze zwischen den Schulterblättern; hatte offenbar jemand Mehlschwitze zwischen meine Schulterblätter verschüttet), und einmal um – streng prophylaktisch! – püschern zu gehen. Der matte Handtrockner, der einen gedachten zehncentmünzengroßen Fleck in Kniehöhe punktgenau zu trocknen vermag, offenbar eine Vorform des Lasers, lohnt einen Umweg. Na, später in der Eisenbahn noch gegenüber einer lesbischen brasilianischen Tänzerin (in der Nachfolge der labanschen Bewegungschöre), die über Frankfurt nach Salzgitter wollte (wo eine Veranstaltung winkte, in deren Verlauf mit der heteronormativen Matrix abgerechnet

werden sollte) mit Eitzes (Würzburg umsteigen) wohltätig geworden. Aber sonst: Alles genau, wie Du es beschrieben und
fotografiert hast, vielen Dank.

Dein Harry

AN JUDITH SCHALANSKY

Betr.: Klugscheißerliste   30-7-11

Liebe, hochverehrte Frau Schalansky:

Ich bin gerade vom, wie die Veranstalter glaubten, Ersten Internationalen Flann-O'Brien-Kongreß (1986 hatte es schon mal einen in nebbich Dublin gegeben, und das konnte ich sogar beweisen) in Wien zurückgekommen und habe dort (in Wien) einem der zahlreichen hochmögenden »Paper«-Beiträger auf dessen Frage, wie es denn mit der deutschsprachigen Gegenwartsliteratur aussehe? weil ich auf der Bahnfahrt von Hamburg nach St. Pölten die erste Hälfte vom *Hals der Giraffe* gelesen hatte, ein knappes »*Wir* haben eine Judith Schalansky« hingeknallt.

Auf der Rückfahrt habe ich die zweite Hälfte gelesen und, das ist eine *déformation professionelle*, hier teile ich Ihnen übersehene Satzfehler mit, für die zahllosen verdienten Neuauflagen.

68, 6 von unten	erwärmen können. Servile Werktätige der Photosynthese
98, 1 v u	Ohne Hammer, Zirkel und Ährenkranz. Noch immer

<Dies ist nun schon der 3. dt. Gegenwartsroman, in dem dem DDR-Emblem eine Sichel angehängt wird. Seltsam.>

139, 2	»Mitschurins größtes Verdienst war, dass er für jede

151, 15	Nutznichts konnte, war immerhin kreativ. Und Hauptsache, die
208, 11	Nach drei Treppenstufen schon außer Atem. Wo war ihre

<Und irgendwo, das habe ich mir auf der billa-box-Quittung, die mir als Lesezeichen diente, nicht notiert, heißt es etwa »Ich hing die Jacke in den Schrank«. Wie General v. Wrangel beim Vormarsch auf Berlin: »Ob se ihr wohl uffjehangen haben?«>

Jetzt werde ich die acht weiteren Notizen auf der billa-box-Quittung (die strenggenommen nur ein Kassenbon ist) für die *ZEIT* zu einem Bericht vom Flann-O'Brien-Kongreß aufblähen und 24 altmeisterliche Schweinegemälde von Rudi Hurzlmeier mit gereimten Zweizeilern versehen.

Weil ich ihn bei den anglophonen Kursteilnehmern nicht loswerden konnte, präsentiere ich Ihnen den Haiku, auf den ich unbändig stolz bin. Die DVA hatte mich eingeladen, etwas zu einer Haiku-Athologie beizusteuern, und ich antwortete postwendend – wir erinnern uns: Silbenschema 5–7–5; gern mit jahreszeitlichem Bezug, mit:

> Besonders im Herbst
> Vergesse ich, wieviele
> Silben ein Haiku

Und nach*dem* ich den Bericht und die Zweizeiler geschrieben habe, lese ich eilig *Blau steht dir nicht* und den *Atlas*.

Schönen Gruß!

Ihr Harry Rowohlt

VON JUDITH SCHALANSKY

Lieber, verehrter Herr Rowohlt,   6.9.11

es ehrt mich zutiefst, von Ihnen korrigiert und gelobt zu werden, wenn auch letzteres zugegebenermaßen der mit Abstand
erquicklichere Quell meiner Freude ist. Gott sei dank hatten
wir die meisten Fehler schon ganz allein gefunden und in der
2. Rate berichtigt. Die Entfernung der Sichel in der 2. Auflage
verdanken Leserschaft und ich aber ganz allein Ihnen. Es ist
mir ein Rätsel. wie die sich dort einnisten konnte. Ich habe
den Ährenkranz im Verdacht (kein Ährenkranz ohne Sichel
oder Mähdrescher – und der ist nun einmal nicht besonders
emblematisch).

Als Trost, Wiedergutmachung oder nachträgliche Beste-
chung schicke ich Ihnen anbei die 10., fast fehlerfreie Auflage
meines *Atlas*. Immerhin also etwas Selbstgebasteltes.

Und morgen fahre ich in Ihre schöne Stadt und gebe im
Literaturhaus die Lohmark.

Herzlich ahoi und nochmals großen Dank.

Judith Schalansky

AN JUDITH SCHALANSKY

Liebe usw. Judith Schalansky: 8-9-11

Meine Freundin Anna Mikula hat mir mal gesagt, ich wäre
der einzige Mensch, den sie kenne, der, wenn man ihn be-
richtige, nicht beleidigt sei, sondern dankbar, und da wurde
mir erst klar, daß die Menschen, wenn man sie berichtigt,
nicht dankbar sind, sondern beleidigt, und rückblickend verstand ich plötzlich o so vieles. Wie schön, daß Sie nicht
mucksch waren.

Zu dem Zirkel sagte einst kein Geringerer als der große
Walter Ulbricht selbst, er sei mit der DDR-Fahne auch nicht
so ganz glücklich, für ihn wäre die perfekte deutsche Fahne
»ohne Hammer, Zirkel und Ährenkranz aus der DDR-Fahne
und ohne das Schwarz und das Gold aus der BRD-Fahne.«
Chuzpe, wo sie keiner vermutet.

Ich konnte gestern nicht ins hiesige Literaturhaus, weil ich
nirgends hinkann –, muß nämlich bis 15.11. 242 Seiten übersetzt haben, und zwischen jetzt und dem 15.11. liegen …

… September … 14: Harbour-Front-Eröffnung; 15: Tonstudio; 16: Lesung mit Oleg Jurjew; 19: Nachtdreh *Lindenstraße*; 20: Paulus Böhmer, Frankfurt/Main; 21/22: Berlin/
Leipzig, Thomas Ebermanns Vers- & Kaderschmiede mit
schulfunkgerechter Bearbeitung der *Verliese des Vatikan* von A.
Gide wg. Papstbesuch; 23: Altonaër Fabrik, Marathonlesung
Der dritte Polizist von Flann O'Brien; unmittelbar anschließend 24: Lesung mit Wiglaf Droste in Oelde/Ostwestfalen;
29: Hamburg Bergedorf … Oktober … November …, alles
ähnlich gelagert.

Ich erwähnte doch im Brief um die Klugscheißerliste herum
die altmeisterlichen Schweinegemälde von Rudi Hurzlmeier.

162

Jetzt bemängelt er die Verse, in denen das Schlachten erwähnt wird. Ja, wie denn nicht?!? Bei Schweinen!?! Wenn man sich *mal* auf die Lyrik wirft.

Doch nun zurück in die Salpetermine. Ich habe aus Begeisterung für den *Atlas* die ellenlange obszöne Lautsprecherdurchsage einer muckschen Flugbegleiterin unterbrochen und will wissen, wie's weitergeht.

Begeistert: Ihr Harry Rowohlt

AN JENS SPARSCHUH

Lieber Jens Sparschuh: 7-8-11

»… und hätte mich heute nicht ein Lob von Jens Sparschuh
im *Tagesspiegel* erreicht, wäre ich innerlich zerbrochen«, hätte
ich gestern um ein Haar an eine Schmonzenabdruckplattform
namens *Bücher* geschrieben, die pro Heft zwei bis drei Verrisse
bringen muß, um seriös zu wirken. Dort heißt es anläßlich
der *Russischen Fracht* über mich:

> Warum er diesmal zu einer Karikatur seiner selbst
> wird, ist wohl nur damit zu erklären, dass man
> diesem Mann einfach nicht in seine Lesung hinein-
> redet. Selbstverliebt gurrt und grunzt er sich durch
> dieses Werk, deren <sic!> Handlung so gut wie
> nicht nachvollziehbar ist und nur von der Sprach-
> gewalt lebt.

»Nur« ist gut. (Davon abgesehen, sage ich immer: »Ein gutes
Buch braucht keine Handlung. Wer Handlung will, soll zum
Catchen gehen.«)

Ich habe den beleidigten Brief dann doch nicht geschrieben, mache aber gerade Ablage, bin auch schon bei SCH 2010,
und da ist mir Ihre günstige Rezension von Frank Schulz' *Mehr
Liebe* aufgefallen, und ich habe mir gedacht, schreibe ich Jens
Sparschuh mal einen unbeleidigten Brief.

Beim Einlesen von *Der King Kong des Ping Pong* kam mir
entgegen, daß ich ein Abendpillchen für morgens verordnet
bekommen hatte, weshalb mir der Text nach zehn Seiten vor
Augen zu verschwimmen begann und ich *contre la montre*
draufloslas, als gälte es das Leben. Das brauchte ich also nicht

noch groß reinzulegen, das war bereits da. Inzwischen nehme ich das Abendpillchen abends, und der Thrill fehlt.

Recht hat der Mann von *Bücher* natürlich doch, nicht mit »selbstverliebt«, das wüßte ich, aber damit, daß mir niemand hineinredet. Wer denn wohl auch? Einen Regisseur habe ich nicht, und wenn ich einen hätte, würde das nicht viel bringen, weil ich weitgehend regieresistent bin, nicht aus mangelnder Einsicht, sondern aus Unvermögen. Nur gut, daß ich die von mir vollgequatschten CDs nie höre. Bis auf zwei. Bei denen bin ich dann allerdings immer des Lobes voll und sage: »Toll, wie der das macht. Das könnte ich *nie*.«

Beim Titel Ihres Kinderbuchs *Stinkstiefel* fällt mir das offizielle Gruppenbild des *Lindenstraßen*-Ensembles 2009 ein. Links oben in der letzten Reihe stehen Cosima Viola (das ehemalige Straßenkind Jack, also mein Lehrling, falls Sie Lindi-die-Ursoap sehen sollten) und ich nebeneinander, und während der fotografischen Aufnahme entspann sich folgender Dialog.

Cosima: Meine Mutter schreibt Kinderbücher.
         Hat es einen Sinn, wenn sie dir mal eins schickt?
Ich: Wenn die ordentlich getippt sind, kann ich die
         Rückseiten als Faxpapier verwenden.
Cosima: Du bist ein echter Stinkstiefel; weißt du das?
Ich: Endlich jemand, der mich versteht.

»In der Gewißheit, Ihnen unwiederbringliche Lebenszeit gestohlen zu haben« (Flann O'Brien), gehe ich Brötchen holen.

Schönen Gruß!

Harry Rowohlt

Doch, doch, liebe Ette: 8-8-11

Wir lieben Dich unvermindert. Gerade war ich in der Lilien-
Apotheke am Eppendorfer Baum und habe Dr. O. Klingmül-
lers verstärkte Hustenpastillen (unentbehrlich für den Vor-
tragskünstler) gekauft, und Dr. O. Klingmüller und ich haben
einander von Dir vorgeschwärmt, er, daß er Dich zu seinem
größten Bedauern vor etwa vierzig Jahren zum letzten Mal
gesehen habe, ich, daß ich Dir meinen Hauptwahlspruch, »Laß
dir nicht zu wenig gefallen!«, zu verdanken hätte. Und dann
rauf und runter, die ganze Familie, wie ich mal in der Bade-
wanne lag, und Bernhard saß in seinem Darmol-Nachthemd
auf dem Ikea-Klavierhocker und spielte mir Cello vor, und
links und rechts saßen andächtig die Kater Klemens und Felix
und lauschten fromm, und Ulla kam abgekämpft von der Arbeit nach Hause und sagte: »So ein Bild des Friedens hätte
man gern häufiger.« Dann kam eine sechsköpfige schwarz-
weiße Familie in allen Schattierungen und kaufte nur ganz
wenig Medizin, und Dr. O. Klingmüller mußte bedienen; Ge-
sundheit ist das höchste Gut. Sonst hätte ich ihm noch berichtet, wie Billy mal 50 Pfennig für den Spitzenspruch »Aber laß
mal; sie hat den Schah glücklich gemacht« (über Farah Diba)
kassierte –, ich dagegen, noch in Barmbek, dafür, daß ich Volker eine gescheuert hatte, weiß nicht mehr, warum, und mit
gespielter Bescheidenheit abwinkte: »Das war doch ganz selbstverständlich.« Und wie ich mich, als Mutter mich von Euch
abholen kam, weigerte mitzukommen, und vom Schrank herunter sagte: »Ihr habt mich doch sowieso nicht lieb.« Ich hatte
das vergessen, aber Du hast es in Dein Tagebuch geschrieben,
und da wußte ich's wieder. Doch, doch, liebe Ette, wir lieben

Dich nicht nur unvermindert, sondern immer mehr, und Du bist einer der wenigen Menschen, gegen die nichts vorliegt.

Dein Harry

P. S.: Ulla sagt, ich soll noch dies Foto beilegen, wie ich meinem Vater gerade rote Rosen von der Firma Schnittblumen frisch und günstig auf den selbstsignierten Findling gepackt habe. In dem Fall lege ich auch noch das Logo der CD *Marx/Engels intim* mit Gregor Gysi und mir bei, damit sich das DIN-A4-Format lohnt. D. O.

ZUM TOD DES SCHAUSPIELERS FRIEDRICH
SCHOENFELDER

22-8-11

Liebe, unbekannterweise hochverehrte Frau Schoenfelder:

Vor einigen Jahrzehnten habe ich Ihren Mann bei Ramseys
kennengelernt. Ich hatte das Glück, daß er rechts neben mir
saß, und seitdem haben wir einander – selten, aber mit Genuß – geschrieben.

Gleich zu Beginn hat mich entzückt, wie der berühmte
Grandseigneur seinen Weg zur Schauspielerei geschildert hat:
»Ick kam frisch aus Jefangenschaft und sollte plötzlich dreiein-
halb Seiten Reclam uffsaren.«

In Erlangen (Erlangen? Erlangen.) haben wir uns auf der
Straße getroffen. Er sagte, schade, er wäre gern mal in eine
meiner Lesungen gegangen, habe aber »Mein Freund Harvey«.
Ich sagte, meine Lesungen dauerten locker länger als »Mein
Freund Harvey«, und ich würde ihm eine Ehrenkarte raus-
legen lassen. Ich habe ihn dann aber nicht mehr bemerkt und
dachte vage: »Schade.« Zwei Tage später rief er an, »Harvey«
habe er schon so oft gespielt, daß er da sein Hörgerät immer
abschalte, weil er die Stichworte nicht mehr brauche. Dann sei
er in meine Lesung gegangen, habe das Gerät angeschaltet und
bei der Gelegenheit bemerkt, daß es kaputt war: »Ich habe
immer nur das Gelächter gehört, aber nicht den Grund dafür.
Das war mir dann zu blöd, und ich bin wieder gegangen.«

Schade. Ich hätte Friedrich Schoenfelder gern zum Lachen
gebracht.

Einer der Vorteile, daß er so lang war, war, daß ich ihn hinter
unserer Vorgartenhecke gesehen habe, als er hier in der Komö-

die Winterhuder Fährhaus gastierte, und hinausstürzen und ihn verhaften konnte. Die Hecke ist längst ausgewechselt, aber Ihren Mann sehe ich manchmal immer noch hinter ihr.

Jetzt bin ich rechtschaffen traurig und in Gedanken heftig bei Ihnen.

Ihr Harry Rowohlt

AN GERD HAFFMANS

>A. S.: Ich finde, die Illustrationen von Jonathan Hills
müssen bleiben, alle. D. U.<

Lieber Chef: 24-8-11

Vorhin verglich Tina Mendelsohn in der Wiederholung von
»Kulturzeit« Loriot mit »Karl Walentin«, eine Vorlage, die ich
mir nicht zweimal sagen ließ, ich herrschte sie an: »Falentin,
du Wotze!« und kam mir vor wie eine Romanfigur von Frank
Schulz.

Gestern rief die *Hannoversche Allgemeine* an und sagte, Loriot
sei gestorben, und ob ich? Ich sagte: »Ach!« und erzählte zwei
Dööntjes, worauf die *Hannoversche Allgemeine* beschloß, lieber
nur das »Ach!« abzudrucken (was, wie ich bei der Gelegenheit
erfuhr, eh von Kleist ist. Alkmene sagt das). Der *FAZ* dagegen
erzählte ich folgende Maisse, die (weil ich sie vorsichtshalber
noch gefaxt habe) unverstümmelt erschien und die ich Dir,
falls Du in Eglisau keine *FAZ* hast, rasch zitiere (samt redaktio-
neller Überschrift):

> **Volkes Stimme**
> Daß Loriot so tief wie niemand sonst im Herzen des
> deutschen Volkes verankert ist, konnte man an einem
> Bekennerlaken an einem der besetzten Hamburger
> Hafenstraßenhäuser sehen. »SAGEN SIE JETZT BITTE
> NICHTS«, stand da, »VERHÖRBOYKOTT!«

★ ★ ★

Ich gewinne immer mehr den Eindruck, daß *Autobiografie eines Lügners* auf mich gerade noch gewartet hat, so voller Spaß und Mühen ist es.

Ich faxe Dir Ms.-Seite 46 mit der Bitte um Anerkennung meines kyrillischen ž (>I<). Das Hardcover-Original, das mir TT geschickt hat, sende ich Dir mit der Schneckenpost.

Voriges Jahr habe ich 9 (neun) Bücher übersetzt, in diesem Jahr erst drei −, und ich fürchte, mehr werden es nicht werden. Sei's DRUM!

Dein Harry

Dear Michael Palin, Sir,   24-8-11

I'm the one German translator who didn't reject *Autobiography of a Liar* –, and I think I'm just perfect for the job because I don't understand a single @XX#ing word and that keeps me curious.

Since you magnanimously promised publisher Gerd Haffmans you'd help with the translation I'd like to warn you right away. As soon as I'll be through I'll send you my notorious Giant List of Incompetence (GLI) and hope for the best.

(We even met briefly many years ago in Hamburg when you presented your travel book. I'm the fuzzy guy who tried to talk you into being of Irish descent. Never mind, that's my way of telling people I like them a lot. There was that young, bright journalist that asked you if Monty Python were not much too British to be transformed into German, and you replied, »I happened to watch ›Monty Python‹ in German last night in my hotel room. Well, *I* laughed.« Extremely quotable. – And there's something I didn't know then because I hadn't seen your travels on TV yet I just *have* to tell you because you couldn't possibly know about it. Remember Beijing Central Station? The big reception that train got? With a uniformed little looker saluting, raising a flag and you name it? And the grand orchestra plus choir over the loudspeakers? Guess what the tune was they were playing. It was the old German standard »Hoch auf dem gelben Wagen« <»Way up on the Yellow Stagecoach«> – which even became a smash hit when rendered by former Federal President Walter Scheel, »Hoch auf dem gelben Wa-hagen / Sitz ich beim Schwager vorn. / Munter die Rosse tra-haben <doesn't rhyme, but

what the hell>, / Lustig schme-hettert das Horn …« <»Way up on the yellow stagecoach / I'm sitting in front with brother-in-law <that's how you used to address the coachman, quaint, ain't it?>. / Merrily the horses are trotting, / Gayly the bugle is blaring …«>. See, you didn't know that.)

So, looking forward to pestering you very much,

Harry-ze-Hun

P. S.: Oh, by the way, I nearly forgot my credentials. I translated nearly everything by Flann O'Brien, re-translated A. A. Milne (hence »Pooh's Corner«, the title of my column in the *ZEIT*, a prestigious German weekly) and Kenneth Grahame, *Angela's Ashes* by Frank McCourt, kids' poems by Shel Silverstein, comics by Robert Crumb and Gilbert Shelton, novels by Kurt Vonnegut, the six-tome Eddie Dickens Trilogy by Philip Ardagh, and, up to now, six books about that atrocious Mr Gum by Andy Stanton, to name just, harumph, a few, 171 books in all, so far. Plus I play a bum in Germany's answer to Coronation Street and tour Germany, Austria, Switzerland, and the German speaking parts (both of them) of Belgium, reading aloud and with intonation.

P. P. S.: You sure you don't have Irish forebears?

HR

VON MICHAEL PALIN

Dear Harry.   26th August 2011,

Thanks very much for your enthusiastic letter. I'm afraid that I never told Gerd that I would help with the translation. I would not want this misunderstanding to go by without letting you know this.

I have no time to keep on THE AUTOBIOGRAPHY OF A LIAR. I am doing two books of my own at the moment. Graham's partner, David Sherlock, who helped him write the book in the first place, is probably the best man to help you.
Sorry for any misunderstanding – but I'm not going to be able to help you.

All the best,

Michael

»ug« schrieb in der Besprechung der gemeinsamen Lesung von Wiglaf Droste und mir am 24. September auf Gut Nottbeck so nett über Toleranz. Es ist »ug« und anderen Christen zu wünschen, daß uns, der agnostischen Mehrheit, nach mehr als zwei Jahrtausenden christlichen Terrors nicht irgendwann der Toleranzfaden reißt. Außerdem war mein Opa Franz Pierenkämper nicht aus Bochum, sondern aus dem Münsterland, deshalb habe ich ihn ja auch erwähnt, und nicht ich, sondern Wiglaf Droste hat sich über Grönemeyer lustig gemacht, deshalb habe ich mir ja auch einen Bart stehen lassen, und Wiglaf Droste hat sich einen Hut aufgesetzt, damit »ug« uns auseinanderhalten kann, hat aber wieder nichts gebracht. Ich habe auch nicht gesagt, daß ich »in stiller Selbstverleugnung« Bücher übersetze, sondern daß ich »in stiller Selbstvergötzung« zwei Examensarbeiten lese, in denen meine übersetzerische Leistung gerühmt wird –, und auch sonst stimmte gar nichts. Aber das ist die Faustregel: Wenn 200 Menschen in einer Lesung sitzen, wissen 199, warum sie da sind. Der eine, der mit null Checkung im Wachkoma auf dem Schlauch steht, berichtet anschließend für die Presse darüber.

Harry Rowohlt

---

* *Leserbrief zu »Sprachprofis schießen übers Ziel hinaus«, 27.9.11*

AN EINEN VERANSTALTER

Lieber Herr B.:   27-9-11

Nochmal vielen Dank für das schöne Abholen und alles!!!
Und schönen Gruß an die junge Dame, die ich mir genauso
vorgestellt hatte wie am Telefon und die dann doch meine
Erwartungen übertroffen hat (was ich ihr auch gesagt habe;
keine Sorge), und an Herrn Prof. Dr. Powerpoint.

Statt des Böschungsbrandes bei der Hinfahrt gab es einen
gottverdammten Selbstmörder zwischen Osnabrück und Bremen auf der Rückfahrt. Ich hasse diese Wichtigtuer. Sollen
sich doch erschießen, vom Hochhaus stürzen oder gezielt zu
Tode saufen, anstatt Reisende aufzuhalten und Lokführer zu
verstören. (Sind übrigens immer Männer. Frauen überlegen
sich a), wer den Dreck wegmachen muß, und b), wie sie dann
aussehen, nämlich denkbar unvorteilhaft.) (Leidiges xy-Chro-
mosom, macht nichts als Scherereien.) Und das, wo das Leben
so schoen ist, besonders in Oelde, Moensch.

Ihr Harry Rowohlt

AN FRANZISKA AUGSTEIN*

Liebe Franziska: 6-10-11

So, bevor alles nicht mehr wahr ist, nochmal vielen Dank dafür, daß Du so schön vorgelesen hast, sowie brieflich einen Kuß auf die rechte Schläfe, an die so schlecht ranzukommen war.

Noch schöner wäre der Abend natürlich gewesen, wenn wir Deinen Stalker stilvoll von einem irischen Sicherheitsmenschen hätten vor die Tür setzen lassen können: »Dat'll teach ya, ya gobshite!« (Dein Stalker sieht, verglichen mit meiner Stalkerin, Gertrud aus Heppenheim, richtig manierlich aus. Die habe ich in Mainz, im »Frankfurter Hof«, von einer trunkenen <Tequila> Schönheit rausschmeißen lassen, einmal im Guten und einmal im Ernst, die vertraulich sagte: »Ich schreibe übrigens auch«, und ich dachte: »Rede du nur, schönes Kind, rede du nur«, habe das aber nachgoogeln oder was lassen, und ihr Bericht aus einem australischen Knast – wo sie das Rausschmeißen gelernt hat – erschien bei Egmont mit einer zaghaften Startauflage von 50 000 Expl., so daß man sich fragt: »Was machen wir falsch?!«) (Ungerecht ist natürlich, daß man Stalkerinnen nur dann als Stalkerinnen wahrnimmt, wenn sie häßlich und doof sind. Wäre Gertrud aus Heppenheim schön und klug, hätte man das selbstverständlich unter »Schlag bei Weiber« abgebucht. »Aber so ist«, um es mit Tucholsky zu sagen, »alles.«)

Ich bin jedenfalls aufrichtig froh, daß ich die betreffende Woche überlebt habe: Nachtdreh *Lindenstraße*, Berlin, Leipzig,

---

* *aus Anlaß der Marathonlesung zu Flann O'Briens 100. Geburtstag; siehe auch die folgenden Briefe*

Altona, Oelde/Münsterland (Böschungsbrand hin, Personen-
schaden am Gleiskörper zurück). Und wenn es Dir Spaß gemacht hat, bin ich noch froher. Das machen wir doch zum
200. glatt nochmal!

Dein Harry

AN ERNST A. GRANDITS

Gegen Gewohnheitsrecht ist schlecht was machen. (Unmittelbar vor dem 23. September 2011 war »Kulturzeit« nicht nur die einzige Fernsehsendung der Welt, die ich manchmal mit den Worten »Servas, Ernstl!« begrüßte, sondern auch die einzige, die ich mit den Worten »Servas, babá, mir sehn sich eh!« verabschieden konnte. Damit ist nun leider Schluß.)

Schön, daß Sie mitgemacht haben. Das hat mich sehr froh gemacht. Einerseits braucht man so einen Vorwand wie den *Dritten Polizisten*, um so viele Wundermenschen versammeln zu können, anderseits hat man dann gar nichts von ihnen. Denkt man zumindest, solang es dauert, und danach immer noch. Aber wenn es, wie jetzt, schon länger vorbei ist, hat sich dauerhaft, bräsig und hämisch nur die Beglückung breitgemacht und sagt: »Mit mir wirst du leben müssen.«

Nochmal kurz zum Kernöl. Ich hätte nie gedacht, daß man Kernöl notfalls kaufen kann. Das war mir zu reformhäuslerisch. Kernöl gehörte als Glücksfall in den österreichischen Speisewagen, einschließlich der Jurtschitsch/Bründlmeier-Frage. Das Rindfleisch wurde als Kernöl-Unterlage in Kauf genommen, sonst hätte man's ja gleich saufen können. Vollends angefixt hat mich dann Dieter Faber (Gitarre), der mein Lieblingstonstudio leitet. Der bestellt Kernöl beim befreundeten Bauern in der Steiermark und nimmt immer Kartons à 10 Literflaschen ab, damit sich der Versand lohnt, weshalb er mich ziemlich glaubhaft beschwor: »Du tust mir einen Gefallen, wenn du eine Flasche mitnimmst, wägglich wahrrr«, verfiel dabei auch so dringlich ins heimische Frränggisch, daß man ja schließlich auch kein Unmensch war. Derartige Großmut kann ich aber nur an den Tag legen, wenn eine Lieferung und ein Studiotermin zusammenkommen, und *da* kam nun Ihre Flasche als willkommene Überbrückung ins Spiel. Geplant hätte das nie so geklappt.

Bald ist ja Buchmesse, ich kann also wieder sagen: Servas, babá, mir sehn sich eh!

Ihr Harry Rowohlt

AN NIKOLAUS HANSEN

Lieber Käptn: 7-10-11

Ich hätte nicht übel Lust, die 55 Cent zu sparen und Dir dies zierliche Briefchen in die Pfütze zu, äh, fenstern (sagte mein Brüderchen immer gern bei ungewissem Ausgang der Verbwahl), aber weil dies ein Dankesbrief ist, will ich mich nicht so lumpen lassen wie sonst.

Ja, Mensch, vielen Dank, daß Du so schön vorgelesen hast. Der Nachteil, wenn man so viele Herzensmenschen versammelt hat, ist, daß man nichts von ihnen hatte, aber irgendwann überwiegt doch die Beglückung, weil es stattgefunden hat und weil es schön geworden ist. Jetzt wissen wir jedenfalls, wie's gemacht wird, und können das ganz leicht alle 100 Jahre wiederholen.

Hol fast!

Dein Harry

P. S.: Weil ich bekanntlich nicht weiß, wohin mit meiner Freizeit, habe ich Julia Strack gebeten, mir eine Liste der fünfzehn D3.P-Leser zu faxen, um ihnen – so etwa zweien bis dreien pro Tag – nochmal für ihren Einsatz zu danken, im Rahmen eines zierlichen Briefchens. Deine Adresse hat sie klug in Klammern gesetzt, damit ich Dir im Wahn nicht auch für Dein aufopferndes, nimmermüdes Eintreten für die große gemeinsame Sache danke, was hiermit gleichwohl geschehen ist. D. U.

AN PIT KNORR

Mensch, Pit: 7-10-11

Nochmal vielen Dank, daß Du gekommen bist und so schön vorgelesen hast.

Der Nachteil, wenn man so viele Wunder- und Herzensmenschen versammelt hat, ist natürlich, daß man nichts von ihnen hatte, aber der Vorteil ist, daß man sie versammelt hat, im Dienste der einen, großen, gemeinsamen Sache, und daß es schön geworden ist, und daß uns das erstmal jemand nachmachen soll. (Und unsere großen Toten waren von ferne auch dabei und sagten sich: »Wenn man nicht gestorben wäre, hätte man die in der 7. Reihe links klargemacht.«)

Damals, auf Kampnagel, gab es unter heftigen Entschuldigungen – »Ja, entsetzliches Klischee, aber uns ist nichts Besseres eingefallen« – Irish Stew (so daß ich zum erstenmal in meinem Leben Irish Stew gegessen habe), und das Personal hatte sich – »in Selbstverpflichtung«, wie das in der DDR hieß – die Haare rotgefärbt. Die ganzen alten Kracher, die da vorlasen, hatten eine scheißende Angst gehabt, es könnte nichts zu trinken geben, so daß man anschließend eine Ausstellung hätte bestücken können: »Der Flachmann im Wandel der Zeiten«. Aber das war *S2B*, und das ist ja ein viel dickeres Buch, und man soll ja auch nicht vergleichen.

Doppelzwinker: *Dein Harry*

AN HARALD MARTENSTEIN

Lieber Harald: 7-10-11

Danke, daß Du da warst, Mensch, und schade, daß ich Dir die
ganze Zeit warm den Nacken hinuntergeatmet habe. Das
bringt das Anmerkungenvorlesen so mit sich; war mir in dem
Maße nicht klar gewesen.

Der Nachteil, wenn man so viele Lieblingsmenschen versammelt hat, ist, daß man nichts von ihnen hatte –, der Vorteil
ist, daß sie alle da waren, daß es schön war und daß das erstmal
einer nachmachen soll.

Wenn wir das in 100 Jahren wieder machen, sind ein paar
von uns wahrscheinlich schon tot, das ist dann schade.

(Seit ich Dich kenne, finde ich es nicht mehr doof, wenn
jemand glaubt, er kann mir was Gutes tun, und »Harald« zu
mir sagt. »Nichts gegen ›Harald‹«, sage ich seitdem.)

Tschüs dœ!

Dein Harry

AN ANNA MIKULA

Liebe Anna: 7-10-11

Danke, daß Du beim *Dritten Polizisten* mitgemacht hast!

Dein Harry

P. S.: Ja, wie ich bereits sagte, jeder einzelne Brief ein rares
Kleinod erlesener Briefstellerei. (»Ohne mich zu rühmen. Das
muß erstmal einer machen«, wie es bei Ringelnatz heißt.) Ich
komme gerade vom Einkaufen und Schmöken und habe alles
an die Heizkörper gehängt. Jetzt lausche ich dem Geklingel
des unbegabten Faxers, der jeden Tag um diese Zeit versucht,
mir das Filetstück einer Penisverlängerung anzudrehen, gern
auch mit etwas Tanker dabei, soll mein Schade nicht sein. Ich
aber rate Dir: Werde nach Möglichkeit nie steinreich, laß
mich Dir Warnung sein. Herr Storp kuckt auch schon. Servas,
babá, mir sehn sich eh.

P. P. S.: Und das ist gut.

AN DAN MULHALL, IRISCHER BOTSCHAFTER

Dearest Excellency –, October 7, 2011

everybody still praises you, *the* highlight right at the begin-
ning, the courage and zest with which you immersed yourself
into the – still; but not much longer! – a bit hostile waters of
the German language, and emerged, dripping, having swee-
tened them with Gaelic flavours and aromata. As I said, everybody loved you, the ladies asked if there were more around
like yourself, and, if so, could they keep one? As expected, you
made the marathon what it wouldn't have been without you.
From the very depth of my heart: Thanks a fucking hell of a
lot, man!

Yours, Harry Rowohlt

AN BERND RAUSCHENBACH

Lieber Bernd: 7-10-11

Neulich schilderte mir Nikolaus Heidelbach am Telefon eine
Zeichnung von Zille, wie sein Nacktmodell nackt auf dem
Bett liegt, die Vermieterin gerade reinkommt und Zille gerade
im Begriffe steht, sich die Hosenträger runterzumachen –,
und plötzlich kamen wir, spätestens bei den Hosenträgern,
überein, daß, wenn Zilles Leben verfilmt wird, nur Du ihn
spielen kannst/darfst.

Doch ich schweife ab. Eigentlich wollte ich mich nur dafür
bedanken, daß Du da warst und so schön vorgelesen hast. Der
Nachteil, wenn man so viele Mustermenschen versammelt
hat, ist, daß man nichts von ihnen hat, der Vorteil ist, daß man
sie alle mal versammelt hat und daß es schön war und man
nicht meckern kann –, und im Gegensatz zu anderen Bege-
benheiten, die, je länger sie her sind, immer weniger wahr
sind, habe ich den Eindruck, daß dieser 100. Geburtstag immer wahrer wird.

Schönen Gruß an Petra!!! Und spiel für mich auf der Heim-
orgel eine kleine Passacaglia, wenn möglich mit schwelgeri-
schen Arpeggien. Hat aber Zeit.

Dein alter Harry

AN FRANK SCHULZ

Moin, Schulzi: 7-10-11

Ich schreibe gerade Dankesbriefe an die Heldinnen und Helden vom 23. September, und wie begeistert ich von Dir war, habe ich ja bereits gesagt, ja, Dir auch, und da läßt sich nicht viel hinzufügen.

So schön es ist, wenn man so viele Mustermenschen versammelt, so schade ist es, daß man gar nichts von ihnen hatte, aber das Ereignis steht, und es war schön, und keiner kann es uns nehmen bzw. soll er das erstmal nachmachen dœ.

. Übermorgen fahre ich nach Berlin, nein, nicht um abends zu kacken, sondern im Gegenteil zu einer Matinée mit Dr Gysi im Deutschen Theater, und im ICE werde ich hin und zurück *Onno* lesen, das wird meine Belohnung sein:.

Als ich neulich wie so oft mit Nikolaus Heidelbach telefonierte, fragte dieser, ob es das von mir zitierte neue Buch von Dir bereits gäbe, und ich verneinte so hämisch lachend, daß ich gleich nochmal hämisch gelacht habe, diesmal auf Wunsch.

Halt die … Jetzt fange ich auch schon an.

Dankbar, und mit Klugscheißergruß,

Dein Harry

AN RALF SOTSCHEK

Ralle? 11-10-11

Ich wollte mich ganz rasch nochmal für Deinen Einsatz anläßlich des *3. Polizisten*-Marathons bedanken, Mensch!!! Das ist
das Dumme, wenn man so viele Sondermenschen versammelt:
Man hat nichts von ihnen. Das Kluge ist, daß sie da waren,
daß sie es schön gemacht haben, und daß uns das erstmal einer
nachmachen muß. (Ich habe eben meinen Wahrheit-Klub-
Ausweis Nr. 000 000 000 000 000 000 021, ausgestellt von Frl. C.
Rönneburg, bereitgelegt, und dann sehen wir uns an Ort und
Stelle, ohne daß Du mich entfernen mußt.)

Herzlich,

Dein Harry

AN VOLKER WEIDERMANN

Lieber Volker Weidermann: 11-10-11

Nochmal vielen Dank, daß Sie sich so nett aufgedrängt haben!
    Und wenn Sie dies in Händen halten, sind Sie mehr schlecht
als recht aus Frankfurt zurück und wissen ohnehin kaum
noch, worum es geht. Es geht, lieber Volker Weidermann, um
das Lesemarathon am 23. September in der Altonaër Fabrik.
Das Dumme daran, wenn es einem gelingt, so viele Zauber-
wesen zu versammeln, ist, daß man nichts von ihnen hat, das
Kluge ist, daß es gelungen ist, daß wir es gut gemacht haben,
und daß uns das erstmal einer nachmachen soll. (Wenn man
allein schon bedenkt, daß, nur wenige tausend Steinwürfe
entfernt, auf der Bühne des St.-Pauli-Theaters der 80. Geburtstag Raddatz' gefeiert wurde, ermißt man, wie erhaben, strah-
lend, achtunggebietend, überragend unsere Veranstaltung war.)
Auf der Messe werden wir uns wiedergesehen haben, wenn es
wieder geheißen haben wird: »Mensch! Der Herr Weidermann!«

Ihr Harry Rowohlt

AN FRITZ WEIGLE (F. W. BERNSTEIN)

Lieber Fritz: 11-10-11

Neulich war was im Fernsehen, wovon ich Dir berichten wollte, aber dann kam Du-weißt-schon-was dazwischen. Also. In der Tagesschau wurde von einem Streik der spanischen Erstliga-Fußballer berichtet, und da haben sie ganz normal einen Reporter hingeschickt, der aber leider, wegen Fachmann, ein Sportreporter war, und der berichtete so, wie er das immer macht: »Wir befinden uns hier im menschenleeren Real-Stadion, niemand auf den Rängen, im weiten Rund kein einziger Spieler …« usw., das Ganze aber GEBRÜLLT! Das war schön.

Eigentlich wollte ich Dir nur dafür danken, daß Du so schön da warst und so schön vorgelesen hast und alles so schön war, und auch wenn man von dieser hochmögenden Versammlung nicht viel hatte, so war sie doch eindeutig versammelt gewesen und glimmt und glost nun noch 100 lumpige Jährchen vor sich hin, bis wir wieder in den sauren Apfel beißen und sagen: »Es muß wohl mal wieder sein.«

Vorigen Sonntag habe ich im renommierten Deutschen Theater in der Schmannstraße 13 mit Gregor Gysi die Berlinerinnen und Berliner verzaubert. Anschließend sagte seine Schwester zu mir: »Ich bin ja so froh, daß ich nicht der einzige Mensch auf der Welt bin, der *Das weiße Band* von Michael Haneke grauenhaft findet«, ich ergriff ihre Hand, sagte: »Ich habe gleich gewußt, daß wir eineiige Zwillinge sind«, und Gysi kuckte wie im Weidenkörbchen ausgesetzt. Gar nicht wahr. Gysi war längst wegchauffiert worden.

Wenn Du dies in Händen hältst, bist Du längst wohlbehalten von der Buchmesse zurück, ich werde Dir gesagt haben, daß Dich ein Brief von mir erwartet, ich aber nichts über dessen Inhalt verraten möchte, außer: »Es kommt ein Weidenkörbchen drin vor.«

Tschüs, lieber Fritz, ich danke Dir.

Dein Harry

P. S.: Schönen Kuß an Sabine!!!

AN HANS ZIPPERT

Lieber Hans:

»In Selbstverpflichtung«, wie das in der DDR hieß, wollte ich allen Heldinnen und Helden, die am 23. September den Olympier ehrten, ein zierliches Dankesbriefchen schreiben, und nun, nachdem ich in meinem 172. Buch die Seite 200 erreicht, mein 169. satzfertig gemacht und lichtbringerisch Oelde/Münsterland, Hamburg Bergedorf, Zarrentin und Berlin bereist habe, ist endlich das scharlachrote Z an der Reihe.

Vielen Dank, lieber Hans, daß Du so wunderschön vorgelesen hast, vielen Dank, daß alles so schön war. Das war wirklich eine Versammlung, wie man sie nur alle 100 Jahre zusammenkriegt, und je länger die Veranstaltung her ist, desto gelungener kommt sie mir vor.

Da ich in Deiner Passage nicht mehr mit Anmerkungen eingeteilt war, habe ich ein bißchen, äh, Geselligkeit nachgeholt, auch anschließend noch zu Hause, bis es allmählich Zeit wurde, Wiglaf und den Zug nach Münster und Hamm und Oelde zu verpassen. Hat aber noch alles prima hingehauen, nur *Die Glocke* (die in den 60er Jahren vom *Bayernkurier* als »rechtsextrem« bezeichnet worden war) hat ein bißchen geklagt, was wir da über den Papst gesagt hätten, das ginge, bei aller Toleranz, ein bißchen zu weit. Da habe ich einen nutzlosen Leserbrief geschrieben, ich würde dem Rezensenten und anderen Christen wünschen, daß uns, der agnostischen Mehrheit, nach mehr als zwei Jahrtausenden christlichen Terrors nicht allmählich mal der Toleranzfaden reiße. Dann hatte ich den Stv. Chefredakteur am Hals, ob ich vielleicht die Formulierung mit dem Wachkoma streichen könne? Weil ich nämlich mehrere sachliche Fehler richtiggestellt und geschrieben hatte: »Das ist die Faustregel: Von 200 Menschen in einer Lesung wissen 199, warum sie da sind. Der einzige, der mit null Checkung im Wachkoma auf dem Schlauch steht, berichtet anschließend darüber für die Presse.« Indes zutiefst unerheblich.

Nochmal vielen Dank!!! Und einen besonders schönen Gruß an die besonders schöne Karla!!!!

Dein Harry

AN NIKOLAUS HEIDELBACH

Lieber Nikolaus: Lá an crúiscín, 2011

Ach, wenn ich doch noch Filmkritiker wäre! Dann käme in meiner Rezension von *Das weiße Band* diese Formulierung vor:

> … in einem rätselhaften pommerschen Dorf,
> das im Norden an Detlev Buck, im Süden an
> Josef Bierbichler grenzt und hauptsächlich
> von Berliner Schauspielern bewohnt wird …

Haargenau die erwartbare Scheiße. Mein altes Vorbild Till Meyer-Bruhns schaute überraschend auf ein kurzes Darlehen vorbei, so daß er sich diesen Mulm zusammen mit Ulla ansehen und ich *Onno Viets und der Irre vom Kiez* von Schulzi weiterlesen konnte. Lieblingsstelle: Wie der Held nach Strich und Faden scheitert und verwundert feststellt, daß er sich bereits darauf freut, am Stammtisch von diesem-seinem Scheitern zu erzählen. (Till Meyer-Bruhns sagte anschließend, er sei zu blöd, er habe nix kapiert, und Ulla sagte, das sei's doch gerade; der Film wolle den Betrachter voll ungeklärter Fragen entlassen, und ich sagte kurz, na ja, kurz nach Beginn: »Kein Wunder, daß das bis 22:30 Uhr dauert; da vorne rechts ist noch ein Huhn, das erklärt werden muß.« Eben nicht!!!) (Wieder nichts verstanden.)

Immerhin hat mich Graham Chapman heute mal nicht im Stich gelassen:

> Der schiere Mangel an Kargheit im größten Zimmer
> meiner Penthouse-Wohnung in Belsize Park trug zu-

sätzlich zu meiner Entspannung bei. Ganze Böschungen von Richtstrahlern fokussierten schroffe geometrische Scheiben in Magentarot, Smaragdgrün und Beige an die Wände hin, während einem Räucherfaß die Düfte von Frangipani, Bergamotte und Chypre entquollen, was sich aufs glücklichste zu einem mirantischen Furlor des Didantillismus verquickte.

In alter, aufrichtiger Mirantizität,

Dein Harry

ABSAGE ANS BRECHT FESTIVAL 2012, AUGSBURG

Sehr geehrte Frau K.:   18-10-11

Gerade habe ich von der »trashigen« Inszenierungsabsicht er-
fahren –, aber für den Straßenstrich bin ich inzwischen zu alt.
Ich bevorzuge überdachte, feste Häuser. Und juchheißa bei
Regen und Wind in der Fußgängerzone? Nö. Das einzige,
was ich im Stehen mache, ist Pinkeln. Und vielleicht noch
Rumstehen.
    Tut mir leid; es wäre mir eine Ehre gewesen.

Schönen Gruß!

Ihr Harry Rowohlt

AN GREGOR GYSI

Lieber Gregor Gysi:

»Was?!!« sagte meine Freundin Anna ungläubig. »Du durftest
hinterher mit IHM noch essen!??«

»Warum sollte mir«, versetzte ich leidenschaftslos, »weniger
Ehre zuteil werden als Daniel Barenboim?«

»Auch wieder wahr«, räumte sie mutlos ein.

Was dann noch kam, erzähle ich immer so: »Ich bin ja so
froh, daß ich nicht der einzige Mensch auf der Welt bin, der
Das weiße Band von Michael Haneke doof fand««, sagte Gysis
Schwester zu mir. Ich ergriff dramatisch ihre Hand, sagte:
»Ich habe gleich gewußt, daß wir eineiige Zwillinge sind‹,
und Gysi kuckte wie in einem Weidenkörbchen ausgesetzt.«
Was natürlich gelogen ist, weil Sie längst wegchauffiert worden waren, was sich aber ganz leicht genauso hätte zutragen
können.

Ferner habe ich einen Vierzeiler zitiert, den ich unter eins
der fabelhaften altmeisterlichen Gemälde von Rudi Hurzlmeier gedichtet hatte. Man sieht dort eine junge Frau mit
Kopftuch und Overall, die auf einem Korbstuhl sitzt und
einem Schwein den Hintern versohlt. Das Schwein lächelt
beseligt. »Brigitte von der LPG / Bestraft das Schwein; das
tut zwar weh, / Doch ist dem Schwein dies sehr, sehr recht.
/ Jaja, es war nicht alles schlecht.«

Auf der Buchmesse und während der anschließenden
Tingeltour (Hamm, Osnabrück, Recklinghausen, Essen-
Kettwig, Borken) wurde ich weidlich interviewt, und da
wurde mir noch klarer, was mir am 9. Oktober im DT bereits
hinlänglich klar gewesen war: Daß Sie glaubwürdig den Eindruck zu erwecken verstehen, Sie interessierten sich tatsäch-

lich für die Antworten auf Ihre Fragen –, das ist hohe Interviewkunst.

Schönen Gruß und vielen Dank!!!

Ihr Harry Rowohlt

VON GREGOR GYSI

Lieber Harry Rowohlt,   Berlin, 27. Oktober 2011

vielen Dank für Ihren Brief vom 25. Oktober 2011.

Ich habe mich sehr darüber gefreut. Wenn Sie es wünschten, können wir uns doch gelegentlich zum Essen treffen, auch mit Ihrer Freundin.

Die Gespräche mit Ihnen liebe ich, und ich bewundere Sie besonders dafür, wie Sie Ihren völlig eigenen Weg in dieser Gesellschaft gefunden haben.

Mit herzlichen Grüßen,

Ihr Gregor Gysi

Betr.: Neuausgabe *Ich, Kater Robinson* 3-II-II

Lieber Ulrich Störiko-Blume:

Na, das ist ja ein schönes Buch, wenn ich das mal so sagen darf, nachdem ich es seit vielen Jahrzehnten zum ersten Mal wieder gelesen habe.

Kennen Sie eigentlich das Schicksal dieses Buches? Auf Französisch heißt es *L'Odyssée du chat Robinson*, und Labskaus wurde mit Sauerkraut übersetzt –, als fräße eine Katze Sauerkraut. Auf Dänisch heißt es: *Jej, Robinson hankat*[1], und der dänische Kollege hat noch ein zusätzliches klebriges Happy-End dazugedichtet. Ich habe ihm – auf Deutsch – geschrieben, ich hätte bisher 76 Bücher übersetzt und es noch nie für nötig befunden, einem Buch einen zusätzlichen Schluß zu verpassen. Da der Kollege nicht antwortete, habe ich ihm nochmal auf Englisch geschrieben: »Weil ich annehmen muß, daß Sie kein Deutsch verstehen …« usw., und er hat richtig wieder nicht geantwortet.

In den USA konnte das Buch nicht erscheinen, weil Zigarettenpackungen und Filterkippen zu sehen sind; in Schweden konnte es nicht erscheinen, weil es in Schweden eine sehr populäre Kinderbuchfigur gibt, einen Kater ohne Schwanz, der Pelle Svanslös heißt, so daß man den schwedischen Kinderbuchmarkt, was schwanzlose Kater betrifft, getrost als gesättigt bezeichnen kann; und in Japan konnte es nicht erscheinen, weil »ICH« das wichtigste Wort ist, der Japaner aber nie »ich« sagt, sondern allenfalls Umschreibungen wie »meine übelriechende Wenigkeit«. Es gibt zwar ein Wort für »ich«, aber das ist anstößiger als »ficken« und wird höchstens von koreanischstämmigen Yakuza verwendet.

Um so schöner, daß es nun im befreundeten München erscheint.[2]

Anbei die eine Seite, auf der ich was gefunden habe.

Schönen Gruß!!!

Ihr Harry Rowohlt

*1) Mit Doppelpunkt, damit man den dänischen Titel mit Betonung
liest.*

*2) Wo ich Amerikanistik studiert habe, zweieinhalb Stunden lang,
und immer, wenn ich in München bin, denke ich gerührt: »Meine alte
Alma Mater.«*

AN MANFRED BISSINGER

»Immer«, lieber Manfred Bissinger, 9-11-11

»wenn ich *mal* Bissinger seinen Hühnerkalender schicken will, hat die Post Betriebsversammlung«, ächzte ich, denn nachher fahre ich für vier Tage nach Flensburg –, heute abend Lesung im Deutschen Haus, dann drei Tage Flensburger Kurzfilmfestival, ebenfalls im Deutschen Haus.

Als ich nämlich vor vielen Jahren meine erste Lesung in Flensburg hatte, erhob sich anschließend der längst pensionierte mitveranstaltende Buchhändler und hielt folgende Rede: »Da war vor vielen Jahren Ernst Rowohlt bei uns in Flensburg, und denn hat er noch sso schön Glas gefressen, und denn waren wir noch sso schön in Deutschen Haus ein ssaufen, und es war eine Sdernsdunde. Und denn war Heinrich Maria Ledig-Rowohlt bei uns in Flensburg, und denn hat er sso schön Purzelbaum geschossen, und denn waren wir noch sso schön in Deutschen Haus ein ssaufen, und es war wieder eine Sdernsdunde. Und jetzt, lieber Harry Rowohlt, ssind Sie bei uns in Flensburg, und nu haben Ssie sso schön vorgelesen, und, ja, für das Deutsche Haus ist nu 'n büschen sbät, aber es war wieder eine Sdernsdunde.«

Und immer, wenn ich seither in Flensburg war, war das Deutsche Haus bereits zu, ragte nur, düstere, drohende Zitadelle, auf. Diesmal aber wird es geknackt: Lesung *und* Kurzfilmtage finden dort statt.

Übrigens ein klassischer Anschlußauftrag. Auf dem Bahnsteig Köln Hbf quatschte mich ein junger Mensch an: »Fahren Sie diese Strecke«, gemeint war Köln–Hamburg, »regelmäßig?« »Nicht regelmäßig, aber oft«, antwortete ich, und der junge Mensch schrak zusammen: »Sind Sie Harry Rowohlt?« fragte er –, weil er in Hamburg wohnt, manchmal von seiner besten Freundin zum Abendessen eingeladen wird und sich anschließend von mir vollgequatschte Hörbücher anhören muß, weil sie sonst figgeliensch wird. Dieser junge Mensch nun ist der US-amerikanische Trickfilmer Jim Lacy, und der Rest? Ist schnell erzählt.

Und nun ab!, nach Flensburg. Wenn ich wieder da bin, kriegen Sie ordnungsgemäß Ihren Hühnerkalender. Grüßen Sie zu Hause!

Ihr Harry Rowohlt

ABSAGE AN MICHAELA KARL, AUTORIN EINER BIOGRAPHIE ÜBER DOROTHY PARKER

Liebe Michaëla Karl: 13-11-11

Tut mir leid, aber die *Pat Hobby Storys* sind eins von – inzwischen – 172 Büchern, die ich übersetzt habe, und ich habe mich weder mit Fitzgerald noch mit seiner Zelda je beschäftigt. Für ein Testimonial wäre ich der grundfalsche Mensch. (Voriges Jahr habe ich mich lediglich nochmal ein bißchen über eine Diogenes-Lektorin geärgert, die für eine Anthologie an meiner Übersetzung herummurkste, glättend, ohne Sprachgefühl, unbelehrt –, Lektorin eben. Ich habe sie gefragt, warum die Übersetzungen der Bestseller-Autorin Donna Leon <von der ich mir vor vielen, vielen Jahren aus Versehen mal ein Buch am Bahnhofskiosk gekauft und laut schreiend weggeschmissen hatte> unlektoriert erscheinen, und das war ihr, wie denn auch, gar nicht aufgefallen. Jetzt ist bei mir wieder Ruhe eingekehrt, was FSF betrifft.)

Und diesem Kleintalent Dotty Parker werde ich nie verzeihen, daß sie in einer der beiden Buchrezensionen, die von ihr im *New Yorker* erschienen sind (in der anderen ging es um das neue Telefonbuch von Manhattan), *Winnie the Pooh* verrissen hat, noch dazu in einer albernen Kindersprache, die bei Milne gar nicht vorkommt. Ich erkläre mir diese Überreaktion damit, daß sie immerhin dumpf gespürt hat, was für ein gigantisches Werk da aufragte, und was anderes als Neid und Mißgunst konnte sie ja eh nicht.

Danke, daß Sie an mich gedacht haben! Schönen Gruß!!
Ihr Harry Rowohlt

AN PETER HAAG

Sálü, Sternenbruder:

Was ist denn nun mit dem 1000seiter, den Du mir ans Hemd kleben möchtest? Im Gegenzug kann ich Dir einen nagelneuen unverkäuflichen Shel Silverstein an die Backe kleben, *Every Thing On It* –, wun-der-schön, sage ich Dir. Und zur Überbrückung, bis mein britischer Gewährsmann ein unvollständiges Glossar für Chapman gedichtet hat, fange ich schon mal mit einem irischen 281seiter an. Damit das hier mal weitergeht, Mann. Flensburg war toll –, also die Elften Flensburger Kurzfilmtage jetzt. Ich war mit dem Star einer Doku über Manga-Kinder (Ankleidezeit: 4 Stunden) vor dem Deutschen Haus eine schmöken; sie ist mit den 6 *Pu-der-Bär*-CDs aufgewachsen und war entsprechend zutraulich, und weil es in Japan eine regelrechte Kindesmißbrauch-Industrie gibt, zeichnet sie – in Japan! – extrem erfolgreiche Mangas gegen KM, die sie im viktorianischen England ansiedelt. Eine Buchhändlerin der Buchhandlung Rüffer, die bei meiner Lesung den Büchertisch gestellt hat (der alte Herr Rüffer hatte einst die tränentreibende Sdernsdunden-Rede gehalten), wollte mich für eine szenische Lesung gewinnen (negativ) und erzählte, daß sie als Kind mal im Theater war, mit Hardy Krüger und Mario Adorf. Hardy Krüger war duhn (besoffen) und Mario Adorf entsprechend füünsch, und dies Wechselspiel von Duhn und Füünsch fand sie so faszinierend wie später nie wieder etwas auf dem Theâter. Was das für ein Theâterstück war, weiß sie genausowenig wie Emil Wagner. (»Emil Wagner?« höre ich Dich fragen. Der Held aus *Knolls Katzen*.) (Ich glaube, wenn sich die Kinderschänder an unseren Mutz, den alten Dreckspatz, ranmachen, werden sie wenig zu lachen haben. Da können sie sich schon mal ganz schön warm anziehen. Warm anziehen? Unterbodenschutz ist das mindeste.) (Aus meiner Preisrede: »Die beiden Mädchen <die hochmögenden Mitjurorinnen> waren so süß, die wollten mich immer überzeugen. Ich hab gesagt: ›Ihr braucht mich nicht zu überzeugen; es reicht völlig, wenn ihr mich überstimmt. Deshalb sind wir doch zu dritt, damit immer einer überstimmt werden kann. Ich bin hier das Überstimmvieh.‹«) (Mein Leben als Fauna: Deklamiertier <gegen Geld> und Überstimmvieh <ehrenamtlich>.) Kannst Du mir denn wenigstens spontan einen Verlag für den neuen Silverstein empfehlen?

Haffmans & Tolkemitt (Berlin und Eglisau) z. B.?

Dein Harry

AN EIN VERANSTALTER-KOLLEKTIV

Lieber Herr R., lieber Herr H., liebes vorbildliches Buch-
handlung-Roehm-Kollektiv: 28-11-11

Von Sindelfingen auf Umwegen nach Wolfsburg –, und alles
mit der Eisenbahn. Nachmachen, ey.

Nochmal vielen Dank dafür, daß alles so schön geklappt
hat!!!

Als ich nach Hause kam, fand ich das letzte vor Antritt
meiner Tingeltour übersetzte Gedicht von Shel Silverstein
vor (aus seinem postumen Buch *Every Thing On It / Einmal
mit allem*), und weil Sindelfingen der Auftakt zu Sindelfingen–Wangen–Memmingen–Gauting–Wolfsburg war, zitiere
ich es Ihnen rasch englisch/deutsch:

HAPPY ENDING?
There are no happy endings. Endings are the saddest part, So
just give me a happy middle And a very happy start. Frohes
Ende? So ein Stuß.

HAPPY-END?
Das Traurige ist stets der Schluß.
Drum will ich eine frohe Mitte
Und einen Spitzenanfang, bitte.

(In Aulendorf beim Umsteigen warf eine Ehrenämtlerin von
der Bahnhofsmission – die keine 14 Tage jünger war als ich –
begehrliche Blicke auf meinen Hackenporsche, und ich
dachte: »Eine falsche Bewegung, und ich helfe ihr in den
Zug.« Das sind so die Beschwernisse des Alters.) Und tschüs,
Ihr Harry Rowohlt

AN EINE VERANSTALTERIN

Liebe Gabi: 5-12-11

Mir ist was eingefallen. Eure KULTURWERKSTATT FO-
RUM ist doch in einem schönen ollen Schuppen namens
GÜTERABFERTIGUNG untergebracht. Das Wort FO-
RUM sieht aus wie Schneeplacken. Könnte man nicht das
ohnehin Gegebene verwenden?! Einfach das Wort KUL-
TUR- (allerdings nicht in so einer Spastenschrift) auf Mitte
drüber – – –, und schon hat man ein weithin sichtbares und
einleuchtendes

KULTUR-GÜTERABFERTIGUNG.

Stelle anheim und grüße nochmal schönstens.

Harry

P. S.: Weltidee!!!

AN EIN VERANSTALTER-KOLLEKTIV

Liebe Ulrike, liebe Katrin, lieber Stefan: 22-12-11

Ich genieße es sehr, bis, äh, Sonntag nicht mehr brüllen und singen zu müssen; *die* Stimme ist erstmal weg.

DANK UND GRUSS DEM VORBILDLICHEN WÜHL-MÄUSE-KOLLEKTIV!!!

In dem sehr schönen Hôtel Seehof mit Seeblick (am See) tagte morgens um halb sieben schon ein Kongreß von Computerfachleuten, und die haben viel mehr gelacht als mein Publikum bei Euch. Da bin ich mucksch abgereist.

(Und was ich Katrin zu erzählen begann, was zwar zutiefst unerheblich ist, gleichwohl fertig erzählt gehört, ist, daß auf dem Weg zu den Wühlmäusen vor dem Ristorante La Pergola ein weißer Hund stand, der mich zielstrebig wie einen alten Freund begrüßte und nicht weglassen wollte, obwohl ich geltend machte, zur Arbeit zu müssen. Dann kam, knülle wie ein Schützenkönig, das Herrchen des Hundes aus dem dazugehörigen Hauseingang, Josef Bilous, mit dem <und Robert Gernhardt> zusammen ich vor langer, langer Zeit im Hamburger Literaturhaus *Die Reise nach Pjetuschkij* von Wenedikt Jerofejew aufgenommen und den ich seither nicht wiedergesehen habe –, *was der Hund aber alles nicht ahnen konnte*, weil das vor seiner Zeit gewesen war! Als Herr und ich einander in den Armen lagen, tanzte er – Hündin, wie sich herausstellte, namens Luna – begeistert um uns herum und zeigte mir anschließend, wie fabelhaft sie Rolltreppe fahren kann. Anschließend schwerstgekränkt bzw. mucksch, weil ich mit den beiden nicht saufen gehen wollte/konnte. Josef Bilous war damals immer mit schwarzen Füßen herumgelaufen. Warum? Ganz einfach: weil er den Othello spielte und das nicht abging.)

Und nun lege ich mich wieder hin.

Ihr/Euer Harry

AN BERND GIESEKING

Lieber Bernd: 23-12-11

> »Ich mache in meinem langen Leben
> zunehmend die Erfahrung, daß man von
> Bernd Gieseking unbesehen alles lesen kann.«
> Harry Rowohlt

Ich werde Friedrich Wilhelm Block (Kassel) zeitnah Katinka Buddenkotte (eine Romanfigur würde niemand so zu nennen wagen) empfehlen und entweder so tun, als wäre sie mir selber lääängst angenehm aufgefallen, oder als hätte ich den Tip von Dir.

Leider werde ich – wie traditionell die Stars >H. Schneider<, >O. Waalkes< und >O. Dittrich< – nicht nach GöttingenGöttingen kommen können, weil ich Wilhelmshaven habe. (Jahrzehntelang sagten die wechselnden Herren Stationsvorsteher im Hbf von Göttingen immer unheilverkündend: »*Göttingen, Göttingen*«, und Joris Gratwohl, der bei der *Lindenstraße* mitspielt, sagte: »Willkommen in Stephen Kings Göttingen«, was für einen Schauspieler sensationell gut ist.)

24-12-11

Neulich durchflutete mich mal wieder heiß dieses lokalpatriotische Gefühl, da saß ich in der U-Bahn, zwei Ömmchens stiegen zu und nahmen ihr durch den Zusteigevorgang unterbrochenes Gespräch wieder auf. Da kamen dann die Hauptschwierigkeiten des Hamburgischen in der richtigen Reihenfolge und auf engstem Raum vor. Das eine Ömmchen, offenbar frisch verknallt, sagte verzückt: »Und denn ich mittenma nachn hin.« (Und dann ich jäh zu ihm.)

Die Reaktion Deines Vaters darauf, daß Du Hannes Wader persönlich kennengelernt hast, erzähle ich, dialektal natürlich leider verwässert, mit großem Erfolg überall herum.

Biggi an der Edeka-Kasse sagte: »Fröhliche Weihnachten«, und ich versetzte: »Das fehlte noch; hab schon genug um die Ohren.«

In Neukölln habe ich übrigens noch eine brillante Bemerkung gemacht; falls sie Dir entgangen sein sollte, sei sie hier eilig nachgereicht. Ich hatte Carola Rönneburg gebeten, mir mit ihrem Handy ein Taxi zu rufen, alle sagten, es führen doch genug Taxis herum, und ich sagte: »Ich habe acht Minuten lang einen Döner gegessen und dabei kein einziges Taxi gesehen. Neuköllns Oberschicht besteht doch aus Taxifahrern; meint ihr, die fahren zu Hause hin und her?«

In Dresden-Neustadt sagte der Veranstalter nach dem Gig, als ich mir Stiefel und Hose aus- und lange Unterhose, Hose und Stiefel anzog: »Für den kurzen Weg zum Hotel?« und ich sagte: »Spätestens nach fünfzig Metern wird mir kalt, und dann ist es besser, wenn ich die lange Unterhose an- statt in der Brusttasche habe«, worüber eine Zapfkraft unbändig lachte. Ich fragte sie, was denn daran *so* komisch sei, und sie sagte, sie stellte sich vor, wie die lange Unterhose, einem Einstecktüchlein gleich, aus meiner Brusttasche quölle. Der grandiose Künstler Nikolaus Heidelbach, dem ich dies vortrug, ergänzte: »... und vornehmere Redner betupfen sich immer abwechselnd mit dem linken und dem rechten Hosenbein die Stirne.« (Deinen Einwand, warum ich sowas nicht in der Garderobe mache, habe ich kommen sehen und tue ihn mit einem knappen »Unsportlich!« ab.)

Ich hoffe, Dir ist mit meinem Testimonial w. o. geholfen, und muckele mich einstweilen wieder ein.

Erstmal (wie der Hamburger sagt), *Harry*

2012

»Nächstesmal werde ich auch Verlag«

Ergebenheitsfax an Günther Willen   21-1-12

Lieber Günther:

Hagelkörner, groß wie Hagelkörner, aber nur auf dem Weg
vom Hôtel bis zum Bahnhof. »Es müßte doch mit dem Teufel
zugehen«, dachten sich die Hagelkörner, »wenn diese Fonta-
nelle – selbst durch das von Claudia Gildemeister, der schönsten
Frau von Delbrück, gestrickte Mützchen hindurch – nicht zu
treffen wäre.«

Sonst war dann nichts mehr. Zu Hause die frischen Zumutungen gesichtet, erstmals in meinem Leben mit Lissabon tele-
foniert (»Moin, hier ist Harry Rowohlt. Ganz kurz: Ich habe
keine Zeit. Tschüs.«), weil eine Jungautorin fand, ich solle
rasch ihr Buch umschreiben, und was dergleichen Schnokus
mehr ist.

Nochmal: Vielen Dank für die vorbildliche Durchführung
der machtvollen Abschlußveranstaltung und Gruß und Anerkennung an das gesamte vorbildliche Kollektiv!!!

Dein Harry

Hier, als Bonus: Oldenburg in Oldenburg in Oldenburg in
Oldenburg

AN KLAUS WAGENBACH

Cara commendatrice, caro cavaliere: 29-1-12

Das einzigste, was ich je von Uwe Tellkamp gelesen habe, ist ein Brief von ihm an Anna Mikula, welche bekanntlich für Grass die Gruppe 47 und die Sozialdemokratische Wählerinitiative wiederbelebt (was ihr von ihrer Kärntner Mutter sonntags nach dem Kirchgang ein telefonisches »Aber, Kind, du bist doch links!?« eingetragen hat). In diesem Brief schreibt U. Tellkamp, »gern« wäre er »an die Trave geeilt« statt nach Lübeck gefahren, schon klar, dabei hatte er noch gar nicht »Lübeck« geschrieben, hätte also noch gar nicht aufs Synonym umzusteigen brauchen, so, wie man nach einmal »Peru« »Andenrepublik« schreibt und nach einmal »Japan« einmal »Nippon« und dann je einmal »Land der aufgehenden Sonne« und – also *ich* zumindest – »Land des Chrysanthementhrons«, bis man wieder »Japan« schreiben kann und dann mit »Nippon« neu anfangen muß. Dieselbe Anna also eilte, als ich nach Stralsund aufbrach, an die Trave und fragte mich, wohin ich denn wohl eile? »Ich eile an den Sund«, gab ich zurück, »und vom Sund werde ich an den Bodden eilen, und vom Bodden werde ich an die Spree eilen, und von der Spree werde ich an den Jadebusen eilen.«

Und dort am Jadebusen wurde ich nobel von Eurem Bestsellerautor Erich »Schreib's untereinander und nenn es Gedicht« Fried begrüßt, einer kleinen Aufmerksamkeit der Objektleitung (anbei).

Das war ja wirklich schön bei Euch. Erst dachte ich, ich kenne ja wieder keinen, aber nachdem ich die kleine Franziska gekannt hatte, wurden es immer mehr, besonders auf dem Balkon. Mit Christoph Hein habe ich einen feierlichen

Händedruck getauscht, weil er einen Tag, nachdem ich in Hamburg vor der Ernst-Merck-Halle anläßlich des Bill-Haley-Konzerts meine erste Straßenschlacht gehabt hatte (»Sollte man sich viel häufiger gönnen«, dachte ich damals, mußte aber erstmal warten), in Berlin die Hasenheide plattgemacht hat. (Ich sprach noch den schönen Satz »So siebzehn, daß ich Süverkrüp und Degenhardt gut fand, war ich nie.«) Herr Schmidt war da (»Herr Schmidt, Sie schickt mir der Himmel«, habe ich gesagt), na, und immer so weiter.

Am nächsten Morgen auf dem Bahnhof Zoo habe ich mir mit einem HSV-Fan ein bös gemeintes, aber ins Nette umkippendes Wortgefecht geliefert, Frau Sowieso aus Herford sagte, in Herford sei es doch letztens wieder so nett gewesen, und in den Spandau-Arkaden sagte Susan Kunze auch was, woraufhin ich ihr MOIN, SUSAN, in ihren Terminplanungsjahresübersichtstaschenkalender schrieb und sie mir ein Heiligenbildchen mit der Aufschrift THERAPY HELPS BUT SCREAMING OBSCENITIES IS FASTER AND CHEAPER zusteckte. Na, so ging das immer weiter, von Spandau nach Hannover, von Hannover nach Oldenburg, von Oldenburg nach Rastede und von Rastede mit Schienenersatzverkehr über Varel und Sande nach Wilhelmshaven, den alten Sehnsuchtsort. Dort hat die Lesung dann bis weit in die Puppen gedauert, weil die Wilhelmshavenerinnen und Wilhelmshavener so gründlich gelacht haben. Zu Hause dann ringsum bei den Nachbarn Post eingesammelt und – erst gesetzt, dann lektoriert – eine Übersetzung vorgefunden, die ich im November 2010 abgeliefert hatte. Ist jetzt natürlich eilig und muß nun leider schließen. Nächstesmal werde ich auch Verlag. Schönen Gruß!!!

Euer Harry

AUF EINE ANFRAGE VON »GELB«, MAGAZIN DER
DEUTSCHEN POST

Betr.: Der offene Brief   1-2-12

Sehr geehrte Frau von G.:

Vielen Dank für die ehrenvolle Anmutung, aber mir fällt leider
nie was ein, was aber nicht schlimm ist, weil ich vorwiegend
Übersetzer bin und Übersetzern gar nichts einfallen darf, sonst
heißt es in den seltenen Rezensionen, in denen auch der
Übersetzer erwähnt wird: »... kreativ übersetzt von ...«, und
das ist das Schlimmste, was einem Übersetzer passieren kann.

(Vor vielen Jahren habe ich mal den Promi-Fragebogen des
FAZ-Magazins ausgefüllt und die Frage »Ihre Lieblingsheldin-
nen in der Wirklichkeit?« mit »Zustellerinnen. Überhaupt alle
Frauen, die bei der Post arbeiten« beantwortet, und da ging es
aber los. Was ich denn wohl gegen die Männer hätte, die bei der
Post arbeiteten? »Gar nichts, im Gegenteil«, beeilte ich mich zu
erwidern, »aber bei der Frage ging es um Held*innen*.« / Meine
Oma hat sich im Krieg die Ruine einer alten Wassermühle im
Hunsrück gekauft, weil sie dachte, da schmeißt niemand Bom-
ben drauf, und genau dort habe ich später erlebt, was Fortschritt
ist. Zuerst kam die Christel von der Post, die wirklich Christel
hieß, zu Fuß, dann mit dem Fahrrad, dann mit dem Motorrol-
ler, dann mit dem VW-Käfer, und dann mußte man selbst ins
Dorf, um sich seine Post abzuholen, zuerst zu Fuß, dann mit
dem Fahrrad, dann mit dem VW-Käfer, und dann hat man die
Mühle verkauft und ist nie wieder hingefahren.)

Schönen Gruß!!!
Harry Rowohlt

AN EINE VERANSTALTERIN

»Wenn der ›Gut & Günstig‹-Honig von Edeka alle ist, mache ich das Paket auf, und dann, aber auch erst *dann* bedanke ich mich bei Ruth«, habe ich mir gedacht, »denn dann spürt sie ein bißchen die *Not*, die herrschte, wenn auch nur *kurz*«, und nun ist es soweit, und ich sage anschwellend: »Danke, danke, danke, danke, DANKE, DANKE, DANKE!!!«

(Und Onkel Fritz werde ich bei Gelegenheit stecken, daß Du den Honig in den *Kölner Stadtanzeiger* gewickelt hast, der mich, beiläufig, vor sechs Jahren bei der Berichterstattung über den Rosenmontagszug nebst Heidi Klum als einzigen namentlich erwähnt hat: »Mit Heidi kam das Sönnchen raus« und »Harry Rowohlt wirkte vergeistigt«, was ich beides bestätigen kann, nur daß es korrekt hätte »angewidert« heißen müssen. 1952 gab es in Hamburg mal einen Karneval, mit Rosenmontagszug und allem Zick und Zack. Danach sagten die Hamburger: »Das war ja so schön, das machen wir nie wieder.«)

Klammer wieder auf: (Neulich fragte jemand im Fernsehen rhetorisch: »Und was ist die Lehre aus dem Kentern der Costa Concordia? 'ne Wanderung in der Eifel?«)

Schönen Gruß!

Harry

VON KLAUS WAGENBACH

Lieber Harry, 9.2.12

was Du alles erlebst! Die Spandau-Arkaden seien Dir verziehen, d. h. Du bist ja gleich mit »screaming obscenities« förmlich bestraft worden – in den 60igern war sowas noch revolutionär gewesen, aber heute? Spandau eben.

Mit Wilhelmshaven hast Du mich neidisch gemacht: Da war ich noch nie! Bin nur einmal in die Nähe gekommen, Fredenbek hieß das Kaff, da hatte eine Lehrerin unsere berüchtigte Schallplatte »Warum ist die Banane krumm« in der Schule abgespielt, und einige Eltern (kleine Unterbrechung durch Farbbandwechsel) waren beleidigt, und es fand eine öffentliche Lesung der Schallplatte statt. Nach dem Ende sagte ein Bauer »wann kommt nu der swinkram?« und rettete damit die Lehrerin. Ein Zahnarzt versuchte, den Bauern umzustimmen, und fragte nochmal zurück, in feinem Hochdeutsch: »Ja, haben Sie nicht diese Reime gehört – Einmal rein, einmal raus, fertig ist der kleine Klaus?« Da wurde der Bauer richtig wütend »dat sehn doch die Kinner aufm hop! Dat da Liebe bei is', kriegen sie später raus«. Die Sache war gewonnen.

Mit Tellkamp hast Du recht, der ist immer so feierlich verzwirbelt. Ja, und Erich hatte so ein kleines Prosahackmaschinschen, mit Stein an der Schreibmaschine, habe ich selbst gesehen. Aber er hatte stets den Juden und Gutmenschen im Sack, mit Knüppel, was der Leute rausgehauen hat! Petrus wird gesagt haben: »Du bist zwar an der falschen Tür, aber komm rein!« Ich lege zwei Almanache bei, für ältere Titel. Such Dir aus, was Du haben möchtest, wir stellen eine große Kiste bereit. Du hast uns große Freude gemacht!
Herzlich Dein Klaus

AN SUSANNE SCHÜSSLER UND KLAUS WAGENBACH

Liebe Susanne, lieber Klaus: 10-2-12

Ihr spinnt doch wohl. Erstens liegt Berlin geographisch genau zwischen Stralsund, Greifswald und Wilhelmshaven, erforderte also gar keinen Schlenker, zweitens war die bezahlte Übernachtung im Hôtel Savoy schon schön genug, und drittens hatte ich um 5 Ocken gewettet, daß das Wickelkind, sobald ich anfange vorzulesen, anfängt zu plärren, ich schließe also mit tiefschwarzen Zahlen ab. Ferner war ich danach schon wieder in Berlin, mit Oleg Jurjew im Festsaal Kreuzberg, wobei ich aus seiner *Russischen Fracht* vorlas und er zur 85 Jahre alten 7saitigen russischen Gitarre traurige Ganovenlieder vortrug. In der Pause wollte eine junge Dame ihr Eintrittsgeld zurück, weil Oleg angeblich gar nicht richtig schön sang. Nach der Pause habe ich das unter Ausnutzung meines Mikrofons dem Publikum gepetzt und die junge Dame dem Volkszorn überantwortet. Es war kein schöner Anblick, kann ich Euch sagen. Ich möchte derlei nie wieder erleben müssen.

Ulla dagegen läßt sich das nicht zweimal sagen und streicht gegenwärtig in den beiden Almanachen alles an, was eine ungerade Bestellnummer hat. *Und das wird sie alles lesen!!!* Das muß man sich mal vorstellen.

Übermorgen geht es weiter, Lippstadt, Quatsch, Gelsenkirchen–Lippstadt–Olpe–Bad Nauheim–Fürth. In Bad Nauheim steige ich im Hotel Dolce ab, der Veranstalter ist das Hotel Dolce, der Veranstaltungsort ist das alte Jugendstiltheater im Hotel Dolce, und die Adresse des Hotels Dolce lautet – nachmachen! – Elvis-Presley-Platz 1. So ist die Welt doch voller Wunder, und die Friedberger haben das Nachsehen.
Mit sozialistischem Gruß, *Euer Harry*

AN EINEN VERANSTALTER

Lieber Georg S.: 18-2-12

Als ich zum Goldenen Löwen geschliddert kam, kamen mir zwei Herren entgegen (Ihre Brüder, stelle ich mir vor), die sagten: »Es gibt nichts mehr zu essen.« Ich trotzdem rein, kein Schwein da, Beatrix auch nicht, aber das war auch schon die einzige Verlockung. Da dachte ich mir, wenn es so weiterschneit, wird es mit meinen zünftigen Ledersohlen immer dööfer, und bin zum Hôtel gerutscht, und dort kam es am nächsten Morgen zu einem anrührenden Auscheck-Erlebnis. Die Heizung heizte nicht, und es gab kein warmes Wasser. Ich hatte gedacht, das mit der Heizung wäre zur Strafe dafür, daß ich im Badezimmer das Fenster gekippelt hatte, und duschen, dachte ich, kann ich immer noch in Bad Nauheim; wenn es irgendwo warmes Wasser gibt, dann ja wohl in Bad Nauheim. Nein, es war alles ganz anders, wie mir der Objektleiter erklärte. Auf der Abluftanlage nisten Krähen (»Rabenvögel«, wie er vornehm sagte), und wenn es denen zu warm wird, werfen sie Alufolie (vulgo: Silberpapier) in den Kamin. Dadurch werden irgendwelche elektrischen Impulse gestört, und die Heizung geht aus. Das haben die klugen Krähen im Rahmen irgendeines nicht gesponserten Forschungsprojekts ganz allein herausgefunden. Mir haben Krähen immer schon gut gefallen (obwohl man das nicht pauschalisieren darf; da ist keine wie die andere; in Griechenland war ich mal eine Saison lang mit einer Nebelkrähe bis hin zu persönlichen Anschuldigungen heftig verkracht. Die versuchte immer, mit mir Handel zu treiben: »Ich gebe dir diesen wertvollen Hosenknopf, und du gibst mir dafür dein blödes Käsebrot.« Wenn man sich nicht darauf einließ, hieß es »bezahlt ist bezahlt«, und sie schiß

einem auf den Kopf. Hier im Park legte mal eine grünschna-
belige Krähe eine Walnuß auf einen Stein und sah mich *so* an.
Ich trat vorsichtig die Schale auf, und sie bedankte sich artig.
Eine andere Krähe dagegen, der ich bei ihrer Nuß behilflich
sein wollte, sah mich offenbar als übergriffigen Hartz-IV-
Empfänger.) So ist die Welt nun voller Wunder für und für.
Ich bedanke mich herzlich und grüße allerbestens!!!

Ihr Harry Rowohlt

18.2.12

P. S.: Erst jetzt habe ich meinen Hackenporsche ausgepackt.
Nein, die guten Olper Butter-Brezeln! Nein, die schöne
Schokoladenseite!! Vielen Dank nochmal!!!! D. O.

AN MONIKA WILLER, »WESTFALENPOST«

Liebe Monika Willer: 19-2-12

Ich bin nicht gehbehindert!!! Nur im Dunkeln bei Niesel-
regen auf Kopfsteinpflaster. Ich steige vielmehr *des*halb gern so
selten wie möglich um, weil man dank Mehdorn immer seine
Anschlußzüge verpaßt. (Die einzigen Anschlußzüge, die man
nicht verpaßt, sind die Anschlußzüge, in denen man bereits
sitzt und die auf Anschlußreisende warten, weshalb man anschließend seinen Anschlußzug verpaßt.)
 Und ich habe nicht gesagt, daß man reichen Pinkeln beim
Kreuzworzeln helfen muß, sondern reichen WITWEN!!!
 Aber sonst hat alles gestimmt.
 Wenn Sie mir wie von mir vorgeschlagen beim Armumdre-
hen geholfen hätten, wären wir nie zu einem Interview gekommen, weil es auf den Fliesen vor der Stadthalle arschglatt
war und ich immer schreien mußte: »Es ist arschglatt! Gehen
Sie bitte am Geländer entlang! Nein? Dann fallen Sie bitte auf
die Schnauze!« Ich habe schließlich Philipp, den Hausmeister,
dazu gekriegt, daß er erst luschig schiebt, dann luschig salzt,
dann nochmal – inzwischen mit Publikum – nochmal luschig
schiebt. Fast hätte ich ihm den Schneeschieber abgenommen
und das selbst luschig gemacht, aber dann hätte er mich noch
mehr gehaßt.
 Um 7 vor erschien dann die Kollegin B., eine Nervzicke
von hohen Graden, die mir »ein paar persönliche Fragen« stellen wollte. Kurz nach Beginn der Veranstaltung schrillte in der
1. Reihe ihr Handy, sie rannte hinaus, ich machte meinen
Handybenutzerspruch und sagte: »Das ist B., die hat mich vor
der Lesung interviewt, und jetzt weiß ich viel mehr über sie
als sie über mich. Sie hat auch Fragen beantwortet, die ich nie

zu stellen gewagt hätte.« Als sie leertelefoniert wieder reinkam, wußte der ganze Saal mehr über sie als sie über den ganzen Saal.

In Olpe war mit Rücksicht auf Philipp, der wie alle Hausmeister viel lieber zu Hause als auf Arbeit ist, die kürzeste Lesung dieser Tingeltour, bis Punkt 10. Da waren die Ölperinnen und Ölperer dann auch wenigstens noch aufnahmefähig bis zum Schluß.

Im Hôtel (am Bratzkopf, wie schön) fiel, aber das habe ich bereits Georg Spielmann in meiner Ergebenheitsadresse geschrieben, die Heizung aus, und die Erklärung, die ich morgens beim Auschecken vom Objektleiter bekam, hat mich sehr verzaubert: Auf der Abluftanlage nisten Krähen, und wenn denen zu warm wird, schmeißen sie Alufolie (vulgo: Silberpapier) in den Kamin. Dadurch werden irgendwelche elektrischen Kontakte gestört, die Heizung fällt aus, und die Krähen haben es wieder schön frisch.

Woher ich das mit gehbehindert und den Pinkeln weiß? Ich hatte in Finnentrop 27 Minuten Aufenthalt, und in Finnentrop gab es nur *Bild* und die *WP*, und da fiel die Wahl nicht schwer.

Meine Hochachtung, wie Sie den Redaktionsschluß geknackt haben! Da waren Sie natürlich beim eigentlichen Event verhindert, und ich hatte niemanden, der mich vor B. beschützen konnte.

Eine schöne Bahnfahrt war das. Das machen wir mal wieder. Brüderliche Kampfesgrüße!

Ihr Harry Rowohlt

AN JOACHIM GAUCK

Euer Exzellenz, lieber Joachim Gauck: 20-2-12

Sie waren mal in Hamburg, um die Promotion eines Ihrer zahllosen Söhne zu feiern, sahen mich bei unserem Samstagsstammtisch vor der Bar Italia in Eppendorf und machten mich, teilweise auf Platt und deshalb notgedrungen geduzt, weil ich kurz zuvor zur Wahl der PDS aufgerufen hatte, in so netter Form zur Schnecke, daß ich heute noch begeistert bin. »So ein schöner Anschiß«, sage ich seitdem, »ist mir lieber als das meiste Lob.«

(Eine Ihrer zahllosen wunderschönen Töchter war auch da. Sie hatte zu meinem namenlosen Entzücken in Dublin studiert und über Flann O'Brien promoviert. »Das können Sie mir glauben oder nicht«, sagte sie zu mir, »aber bevor ich nach Irland ging, war ich weder rothaarig noch sommersprossig. Das ist alles Osmose.«)

Ich gratuliere Ihnen aus vollem Herzen. Der erste Duzfreund, der es zum Bundespräsidenten bringt. Vielleicht reißt das ja ein.

Paster, hol fast!

Ihr Harry Rowohlt

VON JOACHIM GAUCK

Lieber Harry Rowohlt,   28. Februar 2012

Ihre Zeilen haben mich sehr erfreut.

Das Amt, für das ich nun kandidiere, würde es wohl nicht mehr zulassen, Persönlichkeiten des öffentlichen Lebens einfach auf offener Straße »zur Schnecke« zu machen, wie Sie es ausdrücken – und dann sogar noch auf Plattdeutsch. Also ist es vielleicht gut, daß schon erledigt zu haben. Noch besser ist es natürlich, daß Sie meine Schimpfrede nicht gekränkt, sondern begeistert hat.

Über Ihre guten Wünsche für die Kandidatur habe ich mich sehr gefreut, und ich hoffe, wir setzen unser Gespräch gelegentlich fort – vielleicht ohne Schimpfen, aber jederzeit auch »op platt«!

Mit herzlichem Gruß

Ihr Joachim Gauck

PS: Meine »zahllosen« Töchter und Söhne werde ich selbstredend von Ihnen grüßen.

AN PETER HAAG

Sálü, Sternenbruder: 26-2-12

Gestern in Kassel, nach der Verleihung des Förderpreises an
Tino Hanekamp und des Hauptpreises an Ulrich Holbein,
fragte mich der Kiepenheuer-&-Witsch-Lektor Martin Breitfeld: »Was glauben Sie, wie viele Menschen wissen, daß Ihre
Bücher bei Kein & Aber erscheinen?« Ich antwortete: »Der
israelische Major sagt beiläufig: ›Habt acht‹, und der britische
Drill Sergeant sagt: ›Das müssen Sie aber lauter sagen‹, und der
israelische Major sagt: ›Wird sich schon rumsprechen.‹« Ich
halte es für meine Pflicht, diesen massiven Abwerbeversuch
umgehend zu melden.

Ciao, *hein*?

Dein Harry

AN EINEN VERANSTALTER

Lieber Stephan St.:   18-2-12

… und beim Rückweg ins Hôtel habe ich eine *siebte* Abkür-
zung entdeckt! (Am nächsten Morgen auf dem Weg zum
Bahnhof dann noch eine achte.)

Danke nochmal für alles!!! Besonders dafür, wie Du immer
schön an alles denkst, z. B. daß man nicht für Pepsi Cola Re-
klame machen möchte, wenn es nicht unbedingt nötig ist. (In
Fürth hat sich Deine Kollegin Eva B. für den Job als Print-
Journalistin qualifiziert. Sie fragte mich, was ich beim Lesen
trinken möchte, ich sagte: »Eine Flasche Mineralwasser mit
Löchern drin mit Glas«, und sie gab an eine Servierkraft weiter: »Bitte für Herrn Rowohlt ein Glas mit Löchern drin.«
Ihre Mutter war auch da. Die hatte mich bei einer Lesung in
Kaiserhammer an der Eger erlebt, allwo ich in der Anschleimphase erzählte, daß ich die Pensionswirtin gefragt hatte, wie
ich nachts da wieder reinkomme, und sie hatte gefragt/gesagt:
»Sie haben ja bestimmt eine Taschenlampe dabei.« <Ich sei
zwar auf Dienstreise, aber nicht als Einbrecher, hatte ich geltend gemacht.> Über meinem Bett hing dort ein Fotopuzzle
<gelöst, ohne Rückstände>, »Gewitterstimmung am Walchen-
see«, nehme ich mal an.

Der Inspizient hat mir beim Hinausführen gesagt, er sei
durch mich und meine Flann-O'Brien-Empfehlung ans Lesen
geraten und habe jetzt erst *Pu der Bär* gelesen: »Meinen Eltern
war das zu englisch oder was«, und dann subsumierte er den
Abend schmeichelhafterweise so: »Heute abend hatte ich
zwar länger zu tun, aber im Gegensatz zum ›Weißen Rössl‹
konnte ich wenigstens zuhören.«

Den bitte ich nochmal gesondert grüßen zu wollen, falls

Du ihn je sehen solltest. Und natürlich unsere wackere Mutterschaftsurlauberin.

(Das Wort »Emschertainment« ist übrigens bei mir positiv besetzt. Meine Mutter hatte mal ein Dienstmädchen, Elke Wegstroth, winzig klein, wunderhübsch, blond und, weil winzig klein, immer auf Stiletti unterwegs. Die war von irgendwo »an der Emscheer« wech und wurde natürlich bald von meiner Mutter aus Eifersucht mit einem verheerenden Zeugnis gefeuert.) Brüderliche Kampfesgrüße,

Dein Harry

Lieber Eric Sch.: 9-3-12

Das war ja wirklich ein gedeihlicher Aufenthalt –, auch wenn meine Entdeckung von www.liebeshoehleneunkirchen.de anscheinend gar keine solche Entdeckung war. (Am besten gefällt mir in Bäckereien die Computerschrift KAESEBROET-CHEN.)

Nach Stumm's Reithalle ging es in den Kulturpalast in Wiesbaden, der sich am Hintereingang nach der Rauch- und Pinkelpause als »Tattersall« herausstellte, allwo ich schon mal zum ersten und einzigsten Male vom Pferd gefallen bin, von einem riesengroßen, lammfrommen Schimmel namens Fritz, was uns beiden gleich peinlich war. »Was habe ich falsch gemacht?« fragten wir uns und frage ich mich noch heute.

>>Come all, ye colleens, ye laddies come all,
Sechzig Jahre später in den, Dings, Tattersall«,

notierte ich deshalb zu Recht im Gästebuch. Die Verlorener-Sohn-Behandlung, die ich mir von Wiesbaden ausgebeten hatte, funktionierte wieder 1 : 1; kann man nicht meckern.

Das Angenehmste in Böblingen waren die Rezeptionsfee, die mich verschwörerisch anblitzte, weil ich die Benutzung der Goldenen Gästekarte, mit der man in befreundeten Restaurants ermäßigt essen kann, mit den Worten »Nein, vielen Dank, das ist mir zu peinlich« ablehnte, während der Chefin sichtlich das Herz blutete, taumelte ich doch sehenden Auges in eine unnötige Mehrausgabe hinein, und ein türkischer Gleisarbeiter, den ich fragte, wo denn wohl »der hintere Bahnsteigbereich« (denn wenn der Bahnsteig nicht durch A, B, C

usw. gegliedert ist, usw.) sei: »Wo ich steh, ist immer vorne; da
dürfte dahinten hinten sein.«

Gruß und Dank, auch an das scharmante Frl. Freundin, sowie an das vorbildliche Reithallen-Kollektiv!!!

Ihr/Dein/Euer Harry Rowohlt

AN HANS-DIETER SCHÜTT

Lieber H.-D. Schütt: 9-3-12

Danke für Ihren Dankesbrief auf meinen Dankesbrief!

Unverbindlich, vertraulich, und um Sie ein bißchen zu amüsieren, schreibe ich Ihnen rasch, was ich Jürgen Reents zu Beate Klarsfeld gesagt habe, um ihm zu sagen, daß ich über Beate Klarsfeld nichts sagen werde (wobei mir der Anfang erst die bekannten zwei Minuten später eingefallen ist).

Im wahrsten Sinne des Wortes ein *one-hit wonder*, eine reaktionäre Krampfhenne, die keine zwei Sätze geradeaus sprechen kann und wie Alice Schwarzer alles tut, um ins Fernsehen zu kommen.

Das tat wohl.

Allein schon, wie sie »mein Mann Zerche« sagt. Wenn der arme Schórrköz (den ich immer konsequent ungarisch ausspreche, um so mehr, als der Ratsvorsitzende der österreichischen Roma und Sinti Sarközy heißt) sie mit diesem neuen Gojim Naches wenigstens losgeworden wäre –, aber nein, sie bleibt ihm ja erhalten.

Und nun zurück in die Salpetermine, den 9. Krimi von Ken Bruen übersetzen, einem der wenigen Iren, die nicht schreiben können.

Schönen Gruß!!!

Harry Rowohlt

AN EINEN VERANSTALTER

Lieber Ulf: 9-3-12

Das war ja wirklich eine gedeihliche Veranstaltung. Wiesbaden hat mein Verlangen nach teilweiser Verlorener-Sohn-Behandlung 1 : 1 erfüllt; kann man nicht meckern.

Am nächsten Morgen vor dem Frühstück habe ich mir nochmal 0,6l Kochbrunnen reingepfiffen und bin auf dem Bahnhof folgerichtig für € 0,50 groß austreten gegangen, und wenn man anschließend (keine so ganz tolle Überleitung) in Böblingen gastiert, merkt man erst, was man an Wiesbaden hatte. Mein dortiges Lieblingserlebnis war, klar, bei der Abreise, als ich einen türkischen Gleisarbeiter frug, wo denn wohl der »hintere Bahnsteigbereich« sei (denn wenn ein Bahnsteig nicht nach A, B, C, D usw. gegliedert ist, weiß man nicht, wo der Zug hält, wenn er, wie angekündigt, »im hinteren Bahnsteigbereich« hält; wir befinden uns schließlich in Schwaben), und er antwortete: »Wo ich steh, ist immer vorn, da dürfte dahinten hinten sein.« (Daß auf dem Fahrplan »Hauptbahnhof« steht, ohne den erhellenden Zusatz »Stuttgart«, weil es offenbar weit und breit nur dort Hauptbahnhöfe gibt, und daß Selbstbedienungsampeln nur auf einer Straßenseite ein Draufdrückdings haben, daß man, ferner, dem Hausmeister des Albert-Einstein-Gymnasiums zeigen muß, wie man einen Stecker in eine Steckdose einführt –, all das lasse ich fein unerwähnt.)

Dir und dem vorbildlichen Kulturpalast-Kollektiv Dank und Gruß!!!

Dein Harry

AN GERD HAFFMANS

... außerdem habe ich den Eindruck, daß »Is That A Fish In Your Ear« genau das ist, was es in der Einleitung nicht zu sein beteuert, eine pupstrockene gelehrte Abhandlung – – –, die vielleicht sogar noch die Gefahr in sich birgt, daß man, wenn man sie übersetzt hat, nicht mehr übersetzen kann, weil man das Spontane, Unbekümmerte eingebüßt, äh, hat (vgl. hiezu »Aufsatz über das Marionettentheater« von H. v. Kleist). (Bei der Um-die-Wette-Übersetzung dieses französischen Couplet-Gedichts, das ich jetzt nicht mehr finde, ist mir eine Rede Mike Naumanns im Hessischen Hof wieder eingefallen, in deren Verlauf er mich rühmte, weil ich, ohne nachzudenken, wie aus der Pistole geschossen, das

> Candy
> Is dandy
> But liquor
> Is quicker

von Edward Lear – was ich, beiläufig, längst vergessen hatte –, wobei das Zeichen »@« für einen wäßrigen Lispellaut steht, *so* übersetzt habe:

> Konfekt
> Schmeckt
> Mit Schnap@
> Klapp@@)

Ceterum censeo Thaliam esse delendam.

234

Und das Layout von »Is That ...« gehört auch an den Zehen aufgehängt. Kreativ auflockernd, ich glaub, ich kotz gleich dœ. Ich aber lege mich wieder hin. Kuß auf Tini, schönen Sonntag noch, kleines Herrengedeck nach dem Kirchgang, da woiks,

Dein alter Harry

VON DER REDAKTION »DAS NASHORN«

Lieber Harry Rowohlt!   März 2011

Anthony McCarten hat ein Nashorngedicht für uns geschrieben. Wir würden uns sehr freuen, wenn Sie nochmal eine Ausnahme machen und es für uns übersetzen würden.

Als kleines Dankeschön schicken wir Ihnen dann in einigen Monaten unser neues »Nashorn«.

Liebe Grüße,
Ihre Nashorn-Schüler

Dear Class,

Cool Project – poems rock!
Here are my 4 lines.
Go Bremen.

Best Wishes
Anthony McCarten

RHINO POEM
Don't be rough with him
My rhinoceros
There are not enough of them
Because of us.

AN DIE REDAKTION »DAS NASHORN«

Liebe Nashornkinder: 23-3-12

Nach reiflicher Überlegung habe ich festgestellt, daß ich zu altmodisch bin, ein Gedicht, das sich nicht reimt, als Gedicht anzuerkennen und als Gedicht zu übersetzen.

»Them« reimt sich nicht auf »him«, »us« reimt sich nicht auf »rhinoceros«, und wenn ich das genauso dürftig übersetze, sagen alle: »Der Rowohlt, dieser olle Plurch, kann ja noch nicht mal Gedichte so übersetzen, daß sie sich reimen«, und wenn ich es sauber gereimt übersetze, sagen alle: »Der Rowohlt, dieser olle Plurch, kann ja nicht mal werktreu übersetzen.« Da kann man nur verlieren.

Und tschüs aus der Hansestadt Hamburg.

Euer Harry

AN JÖRN RADTKE

Lieber Jörn Radtke (jr):   13-4-12

Vielen Dank an Finna Leibenguth für das schöne Geburtstags-
porträt!!!

Das wird eine schwierige Hängung, bescheiden versteckt,
aber doch gut sichtbar. Noilichst, bei einem Fernseh-Inter-
view mit Ströbele, saß Ströbele vor einem Ströbele-Ölgemälde,
und das sieht ja nun gar nicht aus.

Meinen Geburtstag habe ich echt gefeiert, indem ich mir in
Köln erst den Arsch abgefroren habe, im Park, wo außer mir
alle grillten und klampften, und anschließend ins Kino gegangen bin, allein, und wenn ich sage: »Allein«, dann meine ich
allein. Ich war der einzige im Kino; dabei gab es den Mup-
pets-Film. Da konnte ich wenigstens mitsingen, ohne »RUHE
DA VORNE!« gescholten zu werden. Dabei habe ich im Ober-
stufenchor die Johannes-Passion von Schütz mitgesungen. Aber
so ist es immer.

Schönen Gruß,

Harry Rowohlt

VON HELGA VALENCAK

Lieber Harry Rowohlt,

vor wenigen Wochen war ich mit meinen Schulkindern in
einer Druckerei. Und was sehe ich da: eine alte Heidelberg.
Und wieder erinnert mich etwas an Sie. Durch Ihre vielen
Bücher und Geschichten sind Sie irgendwie allgegenwärtig.
(Ich hör Sie schon sagen: »Ich bin ja nicht der liebe Gott.«
Nein. Aber ist an dem was Schlechtes?)

   Anbei ein Foto der Heidelberg und ein Packerl Zigaretten,
damit Sie wenigstens 20 mal ein bisschen Vergnügen haben.
Ich freu mich ja jedesmal, wenn ich was von Ihnen lese oder
höre.

Danke und alles Liebe,
Helga Valencak
(Halawachl)

AN HELGA VALENCAK

Liebe Helga Valencak: 30-4-12

WUPpfpfp WUPpfpfp^2 macht die Heidelberger.

Von Graz nach Linz, von Linz nach Wien, von Wien nach Hamburg, von Hamburg nach Düren, von Düren nach Duisburg und von Duisburg nach Hamburg habe. ich die blonden (!) Gauloises mit Filter (!!) transportiert, bis sie mir beim Durchschäumen meines Hackenporsches tief zuunterst auf der Suche nach sonstwas auffielen. Jetzt wohnen sie in der Affenfalle (einem großen Glasbehälter für Bonsches oder Zukkerln, aus dem man die Hand, einmal zur Faust geballt, nie wieder herauskriegt bzw. -bringt) in der Küche, damit man was zum Anbieten im Hause hat.

In Linz habe ich im Volksgarten an einem Konditoreistand auf ein rosa Dingsbums gezeigt, gesagt: »Ich hätte gern so ein rosa Dingsbums«, und prompt einen Anschiß kassiert: »Des ist an Buuunschkrapferl!« (Ich stehe aber dazu, daß es ein rosa Dingsbums war.)

In Wien habe ich, weil in meiner Kolumne der Bahnhof Hütteldorf vorkam, dem dortigen Fahrdienstleiter den Dienstausweis signiert, und der Herr Kammerschauspieler Heinz Marecek hat erzählt, der Kollege Martinek, nachdem er in Italien gedreht hatte, bestellte, zurück in Wien, einen Caffè Latte, und der Wirt sagte: »Und scho samma wieder draußen.«

Anbei das einzige bzw. allereinzigste Buch, das ich je aus dem Französischen übersetzt habe, und einen schönen Gruß!!!

Harry Rowohlt
(Dröhnbüdel)

AN DAS »SZ-MAGAZIN«

Liebe Theresa Heinemann, lieber Robert Iwanetz: 20-4-12

Die Frage, die ich Angela Merkel stellen würde, wäre:

Wie würden Sie reagieren, wenn Sie jemand aus alter Gewohnheit »Liebe Genossin Merkel« ansprächte?

Schönen Gruß,
Harry Rowohlt

AN HERMANN UNTERSTÖGER

Lieber Herr Unterstöger: 28-4-12

Es ist ja nicht so, daß ich nie in der Presse stünde, das bringt
das Getingel so mit sich, aber wenn ich *ein*mal von Hermann
Unterstöger erwähnt werde, steht alles kopf bzw. schießt alles
kabolz und schickt mir den betreffenden Ausschnitt, so daß
ich jetzt außer Ihrem fünf Stück zum Tauschen habe.

(Mein geliebter Klassenlehrer Herr Glockauer hat mir immer die Ausschnitte geschickt, wenn ich in der *Welt* stand, und
ich habe ihm gesagt, als *gentlemen's agreement* würde ich ihm immer alles schicken, wenn er in der *taz* steht, wozu es, klar, nie
kam. Da habe ich es so gedeichselt, daß Hans Zippert ihn,
Herrn Glockauer, in der *Welt* erwähnt, damit Herrn Glockauer
der Schlag trifft, aber Hans Zippert hat es immer verschoben,
und Herr Glockauer ist darüber gestorben, ohne daß ihn vorher der Schlag hatte treffen können. Ewig schade.) Mein öster-
reichisches Lieblingserlebnis habe ich gar nicht selbst erlebt,
sondern der Herr Kammerschauspieler Heinz Marecek hat es
mir in Wien erzählt. Ein Kollege hatte lange in Italien gedreht,
zurück in Wien, einen Caffè Latte bestellt, und der Wirt hatte
gesagt: »Und scho samma wieder draußen.«

Und was das Zitier- und Lobkartell betrifft, so ist derzeit
das beste Buch der Welt *Neue Sezessionistische Heizkörperverkleidungen* von Thomas Kapielski.

Und der Fahrdienstleiter des Bahnhofs Hütteldorf hat sich
von mir seinen Dienstausweis signieren lassen, weil ich seinen
Bahnhof erwähnt hatte, so daß ich auch den Herrn Fahrdienstleiter nur wärmstens empfehlen kann.

Schönen Gruß!!! *Ihr Harry Rowohlt*

AN THOMAS KAPIELSKI

Betr.: Fanpost   27-4-12

Lieber Thomas:

Ich sollte nach Düren (welches man »Düren?« ausspricht)
und Duisburg, da legte mir Verleger Niko »Käptn« Hansen
227 Seiten zum Satzfertigmachen in die fixe Pfütze, und ich
faxte ihm mucksch: »Da hat man sich auf eine geruhsam durch-
schmökerte Bahnfahrt mit dem besten Buch der Welt, *Neue
Sezessionistische Heizkörperverkleidungen* von Thomas Kapielski,
eingestellt, und dann: das.«
   *Erste Publikumsreaktionen auf S. 61 f. (Der Mann mit dem Him-
melblauen Bademantel)*
   Ich: Meine Mutter, die ehemalige Schauspielerin Maria Pierenkämper, hatte – in ihrer aktiven, also der Nachkriegs-Zeit –
dem *Wiesbadener Kurier* gesagt, heuer habe sie kein Geld für
einen Weihnachtsbaum. Da haben ihr vier Fans je einen Weihnachtsbaum spendiert, für jede Zimmerecke einen, die wir mit
allem Glänzrigen schmückten, das wir hatten, also hauptsächlich Messer-Gabel-Löffel, und ich bekam einen himmelblauen
Bademantel, viel zu lang, auf Zuwachs, mit dunkelblauen Tupfern, zu Weihnachten, der, wenn man ihn wendete, dunkel-
blau mit himmelblauen Tupfern war. Mit dem ging ich von
Weihnachtsbaum zu Weihnachtsbaum zu Weihnachtsbaum zu
Weihnachtsbaum und sagte: »Ich bin die Heiligen Drei Könige
aus dem Morgenrock.«
   Nikolaus Heidelbach: »Jetzt ist Kapielski endgültig im Stand
der Gnade.«
   Anna Mikula (schwärmerisch): »Ooooooh, Muratti.«
   Und jetzt habe ich auch endlich eine Antwort auf die gern

gestellte Journalistenfrage, welchen Autor ich gern übersetzt hätte, aber nicht habe: »Wenn Thomas Kapielski ein anglophoner Autor wäre, könnte man sich seine Texte viel stärker anverwandeln, als man dies als schierer Leser je vermöchte.«

Nu ist aber auch wieder gut. Schönen Gruß!!!

Dein Harry

AN EINEN VERANSTALTER

Lieber Thomas L.:   28-4-12

Nochmal vielen Dank für die gedeihliche kulturell hoch-stehende gemeinsame Veranstaltung! Im Hôtel mußte ich mich zur Strafe für zuviel gefrühstückt ins Gästebuch eintragen und habe geschrieben:

> Übernachtest du langsam,
> Übernachtest du schnell –,
> Stets übernachte im … Dings …
> Posthotel!

Dann, aber auch erst dann bemerkte ich gegenüber die Firma

MÖBEL OEBEL

und dachte: »Oder so.«

Ich werde Düren (welches man »Düren?« spricht), die Stadt der fußballfeldgroßen Neueröffnungen mitsamt seinem vorbildlichen Komm e. V., in bester Erinnerung behalten.

(Du mußt Dir mal die Fotos draußen am Scotch Club ansehen. Genauso sieht das technische Team der *Lindenstraße* aus. Ja, zu feiern versteht der Rheinländer.)

Doch nun wieder ans Werk! Schönen Gruß!! Auch an Madame!!!

Dein Harry

AN EINEN ZUHÖRER

Lieber Doktor F.:   10-5-12

Was sollte denn dieser Haßausbruch? Warum kann ich Ihnen nicht einfach so gestohlen bleiben wie Sie mir?

Ihre Bemerkung, der verehrte Kollege Wollschläger sei und bleibe Ihr Lieblingsübersetzer, hat mich dann mit allem versöhnt, denn damit ist bewiesen, daß auf Sie in all Ihrer Ahnungslosigkeit getrost und vollinhaltlich geschissen ist und bleibt.

Mein unbenutztes Hockerchen können Sie gern behalten.

HR

AN EINEN LESER

Sehr geehrter Herr B: 10-5-12

Danke für Ihren Brief vom 27.4., den ich erst jetzt, aus Magdeburg, Potsdam, Cottbus und Freiberg in Sachsen zurück, vorfand.

Ich hatte erwogen, mir von der Auskunft Ihre Nummer geben zu lassen, weil ich keine Zeit für einen ausführlichen Brief (und auch sonst zu kaum was) habe, und fand dann: »Kriegt er eben einen kurzen.«

Der verehrte Kollege Wollschläger – und wenn ich »verehrt« sage, meine ich »verehrt«, denn wenn es jemandem gelingt, sich vom als knausrig bekannten Suhrkamp Verlag fast zehn Jahre lang (andere Leute lernen in der Zeit Englisch) für seine *Ulysses*-Übersetzung alimentieren zu lassen, ist er jeder kollegialen Verehrung würdig – konnte nicht nur nicht Englisch, er weigerte sich auch, es zu lernen: »Es kommt nicht darauf an, daß der Übersetzer die Original-, sondern daß er die Zielsprache beherrscht«, sagte er gern. Und davon, wie er die beherrschte, kann man sich an *Herzgewächse*, seinem chef d'œuvre, ein Bild machen, für das er jahrzehntelang Vorschüsse von verschiedenen Verlagen kassierte, das zu schreiben er aber gnädig unterließ.

Die Goyert-Übersetzung wurde systematisch niedergemacht, um die Notwendigkeit des überflüssigen Mammutprojekts »Hans! Wollschläger! übersetzt! den! *Ulysses*!« zu betonen.

Ich kenne nur das Zyklopen-Kapitel, und da zeigt sich, daß Wollschläger eine Schande für die ganze Innung ist und Georg Goyert Übermenschliches geleistet hat.

Nur ein Beispiel für Abertausende (aus irgendeinem Doofkrimi; ich habe vor vielen Jahren in *Pooh's Corner* darauf hingewiesen), das mir ein Lektor (der das natürlich begradigt hat) gickelnd erzählt hat. Wollschläger hat »a bottle of pop« (= kohlensäurehaltiges Erfrischungsgetränk) allen Ernstes in seinem weithin strahlenden Schwachsinn und ohne jedes Unrechtsbewußtsein mit »eine Flasche Popcorn« übersetzt. Wir demütigen Übersetzerinnen und Übersetzer spielen gern das Spiel »Wie hätte Wollschläger das übersetzt?«, denn für uns ist der verehrte Kollege Wollschläger ein Synonym für Unfähigkeit, Selbstüberhebung und Scharlatanerie. Mir als Kollegenschwein blieb es vorbehalten, dies (halb-)öffentlich zu machen, durchaus bereits zu seinen Lebzeiten. Darauf eine schöne Flasche eiskalten Jahrgangspopcorn!

Mit nicht minder freundlichen und nicht minder sozialistischen Grüßen,

Harry Rowohlt

Geliebte Heike: 19-5-12

Danke für den lieben Brief und die Pressestimmen!!!

Anbei ein Eingesandt von jemandem, der unsere gemeinsame Kulturveranstaltung in Freiberg in weniger guter Erinnerung hat, sowie meine Erwiderung. Wenn ich ihn dermaßen anöde, warum geht er dann nicht mal auf die Lesung von jemand anderem? Oder ins Kino? Volltrottel, Gesocks, das. (Außerdem kann er gar kein angeheirateter Neffe sein, denn dann hätte er eine meiner Nichten heiraten müssen, von denen es drei Stück gibt. Eine ist verwitwet, die andere sicher und warm in die Schweiz verheiratet und die dritte ledig.) Soll ich Dir mal beichten, was meine erste Reaktion war? Meine erste Reaktion war: »Immerhin will er kein Geld.« Doch nun bereits zuviel der Ehre. Nicht gedacht soll seiner sein.

Mittwoch war ich in Rüdersdorf bei Berlin, im Kulturhaus Martin Andersen-Nexö, zwischen einer Büste von, erraten, Martin Andersen-Nexö und einer von Wilhelm Pieck. Gleich nebenan ist das Glück-auf-Stadion, und ich fragte einen rauchenden Pitbull-Züchter, ob Rüdersdorf auch Bergbaustadt wäre? »Wieso ooch?« fragte er. In Rüdersdorf wird nämlich, wie außer mir jeder weiß, Kalk abgebaut, zur Zementherstellung, Mensch, Mensch, Mensch.

Und jetzt darf ich wieder Shel Silverstein übersetzen. Das Gedicht, das ich fertiggestellt habe, bevor es nach Kassel, Leipzig, Dresden, Rüdersdorf und Berlin ging, fülle ich Dir hier separat und exklusiv mal ab:

AUFWÄRTS

Ein Alligator, dünn wie'n Stift,
Steigt in den überfüllten Lift.
Die Tür macht plock,
Im 6. Stock
Entsteigt die Echse, rülpsend, fett,
Dem leeren Lift: »Und tschüs. War nett.«

Dein HR

Liebe Désirée: 23-5-12

Vor Jahren hatte ich mal beim Schleswig-Holsteinischen Bücherfrühling fünf Lesungen an drei Tagen, weil ich für die erkrankten hc artmann und Ingomar von Kieseritzky einspringen mußte. Alles mit der Bahn, doch dies a parte. In Schleswig, wo ich für hc artmann einsprang, sagte die Veranstalterin im Rahmen ihrer einleitenden Worte kämpferisch: »In Holstein <also im tiefen Süden, wo alles über unser, der Schleswiger, Kopf hinweg entschieden wird, aber die werden sich nochmal wundern, die Herren. Anm. d. Übers.> hat man uns ja gar nicht gefragt, und *wenn* man uns gefragt hätte, hätten wir gesagt: ›Wir hätten sowieso Harry Rowohlt lieber gehebt als Herrn Artmann!!!‹« Da habe ich nur still mit den Ohren geschlackert und gedacht: »Wenn es gegen die Holsteiner geht, soll mir das in Maßen recht sein, aber den hc hätte ich *schön* lieber gehört als mich.« Vor der anderen Ersatzveranstaltung habe ich – wo die war, weiß ich nicht mehr – gesagt: »Sie hatten sich auf Ingomar von Kieseritzky gefreut. Es tut mir leid, daß Sie mit mir vorliebnehmen müssen. Ingomar von Kieseritzky ist ein großartiger Schriftsteller und ein guter Freund, und ich hoffe, daß er bald und gründlich wieder gesund wird –, und davon abgesehen, liest er wie eine gesengte Sau.«
   Dies ist, wie gesagt, lange her und war das letzte Mal, daß ich Genesungswünsche geäußert habe, ich bin also nicht so richtig in Übung … Mal sehen …: »Désirée C. Schnirch ist eine großartige Lektorin, die mir während der gemeinsamen Arbeit zur lieben Freundin geworden ist, und ich hoffe, daß sie bald und gründlich wieder gesund wird.« Geht doch.
   Bald geht es, weil mein Kürbiskernöl zur Neige geht, wofür

Dieter Faber eine steirische Quelle hat, wieder ins Tonstudio, allerdings ohne Dirk »Hot Pants« Kauffels, sondern für Kein & Aber, Vonnegut-Kurzgeschichten einlesen, und zwar mit der fabelhaften Tina »Ti« Kemnitz, die in *Onno Viets und der Irre vom Kiez* von Frank »Schulzi« Schulz die Pornocasting-Gewinnerin Fiona Popo und eine Flughafenlautsprecherdurchsagenstimme gegeben hat und die ich für Jenny, den sprechenden Kühlschrank, wollte. Da hat sie aalkalt alle weiblichen Stimmen übernommen. Soll sie. Siebzehn Sorgen weniger.

Mein jüngstes Lieblingserlebnis trug sich vor dem renommierten Schloßpark-Theater Berlin zu, wo ich vor der Lesung wie üblich noch vor der Tür stand, um Passanten den Arm umzudrehen (wo dann aber leider keinerlei Désirée C. Schnirch auftauchte und »Halt! Ich bin keine gewöhnliche Passantin, sondern eine verwunschene Lektorin der Patmos-Verlagsgruppe usw.« sagte), und ein festlich geschmücktes gutbürgerliches – Steglitz! – Ehepaar eilte hinein, Mutti in Rotschwarz, Vati in Schwarzrot. Ich hob gegenüber Vati den rechten Daumen und lobte: »Schickes Einstecktüchlein!« Vati sah an sich herunter, und es brach aus ihm hervor: »Och nööö, hat sie's schon wieder geschafft!«

Ich übersetze mal wieder Kindergedichte von Shel Silverstein, 129 von 148 sind gelutscht, und # 113 geht so:

AUFWÄRTS
Ein Alligator, dünn wie'n Stift,
Steigt in den überfüllten Lift.
Die Tür macht plock,
Im 6. Stock
Entsteigt die Echse, rülpsend, fett,
Dem leeren Lift: »Und tschüs. War nett.«

Unterdessen graut mir vor dem 2. Juni. Da soll ich auf dem Rathausmarkt zu meinem Volk sprechen, im Rahmen einer Antinazikundgebung 3 Döntjes à 3 Minuten erzählen, jeweils mit der Moral: »Und auch deshalb kommt Hamburg ganz prima ohne Nazis aus«, und jetzt weiß ich keine 3 mehr, nur noch eins, dessen Moral noch dazu nicht ganz so zwingend ist, wie man das gerne hätte. Was soll ich tun?

Ratlos; herzlich: *Harry*

AN DIETER FABER

Betr.: Zwischenbilanz 26-5-12

Lieber Dieter:

Weil ich Dir € 6,– geben wollte, Dir aber nur € 5,– gegeben habe, schulde ich Dir noch

€ 1,–,

und weil das Kernöl in der kleinen Flasche noch lange nicht ranzig ist, und weil, ferner, wenn 1 Liter € 22,– kostet, ein halber Liter

€ 11,–

kostet, schulde ich Dir insgesamt aufn Kopp genau

€ 12,–.

Und hier die # 134 von Shel Silverstein:

> KÖNIG TUTS SCHÄDEL
> Dieser Totenschädel gehört König Tut
> (Aus der Pyramide hier links).
> Der andere Schädel ist klein, nicht kaputt,
> Und er stammt aus der Kindheit des Kings.

Und Ullas Zitat des Tages lautet: »Du hast kein Auge für Pracht.«

Nun wollen wir mal sehen, was die # 135 für unlösbare Übersetzungsprobleme birgt.

Schönen Gruß!!!

Dein Harry

VON CLAUDIA BRUNATH

Liebes Keinundaber-Verlagsteam, 13.5.12

ich würde so gern eine – wahrscheinlich von Harry Rowohlt
als typischer »Anschleimbrief« bezeichnete – Fan-Mail schicken – und bitte Sie herzlich, diese nachstehende Lobhudelei
in seine Mailbox weiterzuleiten.

Sie können den Text vorher ruhig lesen, ist nichts Unanstän-
diges oder gar Fieses dabei. Nicht daß ich grundsätzlich nur
Nettigkeiten austeile – aber in diesem Falle finde ich Harry
Rowohlt seit Jahren einfach nur toll und wollte das gern mal
persönlich adressieren.

Dankbare und herzliche Grüße aus Berlin –
Claudia Brunath

P.S.: So, und nun kommt's …

Lieber Harry Rowohlt,

ich war letztens bei Ihrer Lesung und Erzählveranstaltung im
Potsdamer Lindenpark und wollte einfach mal schnell loswerden,

1) daß es höchst vergnüglich, ordentlich lang, kein bißchen
   langweilig und vor allem ein erneuter Gewinn für meinen
   passiven und aktiven Wortschatz war!
2) daß Sie sowieso seit vielen Jahren mit Ihren Übersetzungen,
   Büchern, Hörbüchern und Ihrer außergewöhnlichen Stimme

mein Bücherregal, meine Urlaube, meine Augen, Ohren und meinen Intellekt (soweit anerkannt) massiv bereichern!! (Übrigens auch den meiner Kinder – ich erinnere mich an Eddie Dickens *Hörbuchorgien*, in denen wir auch nach der Ankunft am Zielort teilweise stundenlang das Auto nicht verlassen wollten, da die CD noch nicht zu Ende war. Mein Sohn gewann vor Jahren einen Vorlesewettbewerb und feierte große Erfolge mit der Nachahmung Ihrer Lesart von Großtante Maud und dem mit Trockenfisch zahlenden Onkel Jack.)

Aktuell in den letzten Ferien begleitete mich Ihre Sammlung weggeschmissener Briefe, in denen ich zum ersten Male bewußt von Ihren Auftritten in der *Lindenstraße* (für die ich vorher keinen Finger am Anschaltknopf des TVs krumm gemacht hätte) erfuhr – leider habe ich seitdem bei den zugegebenermaßen sporadischen Versuchen noch nicht einen Ihrer Einsätze als Penner erleben dürfen.

Das muß sich ändern!

Für meine nächste Erholungszeit (die Schulferien in Berlin und kleine Flucht nach Schweden) ist u. a. *Gottes Segen und Rot Front* schon im Gepäck und wird die Basis für das altbekannte Fünfeck »FLETS« (Faulenzen, Lesen, Essen, Trinken, Schwadronieren) bilden.

In diesem Sinne noch mal nachträglich und schon vorweg – danke, danke, danke für die Kurzweil und Hochgenuß beim Lesen und Lauschen.

Herzlich – einer Ihrer zahlreichen Fans, ein Junge namens Claudia

AN CLAUDIA BRUNATH

Liebe Claudia Brunath: 29-5-12

Danke für Ihren lieben, äh, Brief vom 13. huius!

Heute ist der große Tag, an dem ich mein 177. Buch fertig übersetzt habe, Kindergedichte von Shel Silverstein, und das allerletzte Gedicht steht hinten auf dem 3. Vorsatzpapier, einmal im Kreis, oben eine Zeichnung des Autors:

»RINGSTRASSE, IMMER GERADEAUS.« DAS TU' ICH, GEH' VON HAUS ZU HAUS UND KOMME BRAV GENAU DAHIN, VON WO ICH LOSGEGANGEN BIN

Nach der Lesung im Lindenpark habe ich im Hôtel heißhungrig meine Mitnehm-Pizza aus dem »Albers« im S-Bahnhof gegessen. »Eigentlich machen wir hier ja gar nichts zum Mitnehmen«, hatte die Kellnerin gesagt.

Ich verlegte mich aufs Greinen und sagte: »Sie können die Pizza ja einfach hier hinstellen, und ich nehme sie dann heimlich mit.« »Diß leuchtet mir nun wieder ein«, hatte sie gesagt, die gute Seele, und die Pizza war fachmännisch mit Alu-Folie verkleidet und auf einer Kuchenpappe und, richtig, einfach hierhingestellt.

Das einzige der Gedichte, das ich auswendig kann, geht, mal sehen, so:

AUFWÄRTS
Ein Alligator, dünn wie'n Stift,
Steigt in den überfüllten Lift.
Die Tür macht plock,
Im 6. Stock

Entsteigt die Echse, rülpsend, fett,
Dem leeren Lift: »Und tschüs. War nett.«

Ach ja, ich kann noch eins; hatte ich vergessen, daß ich's kann:

DAS SPIEL
»Schön, daß du gekommen bist,
Spielen wir ein Spiel,
›Bösewicht und Polizist‹,
Dazu gehört nicht viel:
Ich erschieß' dich, du bist tot,
Danke, Zeit für's Abendbrot.«

Heute kann die Schreibmaschine mal kein kleines P –, aber natürlich nicht durchgehend; das wäre zu einfach.

Schönen Gruß, und lassen Sie's ordentlich FLETSen,

Ihr Harry Rowohlt

AN SARA SCHINDLER, KEIN & ABER

Sálü, Sara: 30-5-12

Ich war so geschmeichelt von dem Umstand, daß Liberties
Press, falls ich das richtig verstanden habe, am Verkauf der dt.
Rechte nicht interessiert ist, wenn ich das Buch nicht übersetze, daß ich beim Anlesen in der Eisenbahn gar nicht gemerkt habe, wie sehr das Buch mich anödet. Das habe ich
jetzt erst beim Hineinübersetzen gemerkt. Außerdem rät der
Autor ständig vom Bücherschreiben ab, und da kann ich ihm
als alter Entmutiger nur herzlich beipflichten. Also schicke ich
Dir zu meiner Entlastung den ganzen Pafel zurück und bin
nun wieder frei, frei wie die Amseln in der Luft, die nächsten
fünf Bücher in Angriff zu nehmen. Den Chef werde ich heute
noch anrufen in seinem perfiden Albion. Da hat er dann eine
Sorge weniger, der arme Obdachlose, nackt und bloß, wie er
ist. (»… wie die Amseln in der Luft« habe ich geschrieben,
weil ich mich vertippt hatte und einen weiteren Buchstaben
unterbringen mußte.) Und tschüs.

Harry

AN GERD STROUCKEN

Lieber Stroucken: 1-6-12

Am Freitag, dem 25. Mai 2012, hatte ich Dir bei der Firma *GEOVINO – Georgische Weine aus Leidenschaft* ein seltenes Geschenk gekauft. »Am Dienstag hat er's«, hatte mir der Chef per Handy aus dem Stau heraus versichert, und am Dienstag hielt ich es nicht mehr aus und habe bei Euch angerufen, um Dir Gelegenheit zu geben, Dich tränenüberströmt – »Wie hast du das erraten?! Zwei meiner Hauptleidenschaften mit einem einzigen Geschenk abgedeckt! Und dann auch noch der nicht zu unterschätzende innenarchitektonische Effekt! Von der abschreckenden Wirkung ganz zu schweigen!« – zu bedanken.* Aber bei Euch war besetzt, viele Tage lang. Da habe ich die Handynummer angerufen und wurde von einer elektrischen Fee beschieden, ich könnte ihrethalben jederzeit eine SMS mit der Bitte um Rückruf absetzen. Da kennt die elektrische Fee mich aber schlecht! Stattdessen habe ich bei Deiner alten Firma angerufen, wo ein verständiger Slawe sagte, Du seist nach dem Schwarzwald in ein Funkloch gereist. »Der macht doch jetzzzt an seinem Enkel rum«, hatte auch Ulla gewußt. Ich hatte den verständigen Slawen noch zu beruhigen versucht: »Wenn er das Geschenk auf der Post nicht abholt und es an mich zurückgeht –, *ich* werde es wenigstens zu schätzen wissen.« Raumaufteilende Wirkung, praktischer Nutzen, bestechendes Design, immer was zum Anbieten im Hause … Die positiven Eigenschaften überwiegen deutlich. Und wenn man die Wiedereinführung des empfindlichen Halsrechts er-

---

* *Bei dem Geschenk handelte es sich um ein 1 Meter hohes Weingefäß in Form eines Schwertes.*

wägt, braucht man nicht lange nach dazu geeignetem Werkzeug zu suchen. (Heute ist Freitag, ich werde auf den Isemarkt gehen, notgedrungen einen Abstecher zum Asia Shop machen, um mir neue Sriracha-Sauce zu kaufen … Nur wenige Häuser rechts vom Asia Shop befindet sich die Firma *GEO-VINO – Georgische Weine aus Leidenschaft* … Sollte mich nicht wundern, wenn ich mich einmal selbst mit so einem zutiefst knuffigen Geschenk belohnte … Und wenn Deins zurückkommt, habe ich ZWEI!)

Tief in Gedanken ab:

Dein Rowohlt

VON GERD STROUCKEN

Lieber Rowohlt,   13.06.2012

»Sind wir eines solchen Geschenkes überhaupt würdig?« Die
Frage haben wir inzwischen ganz fest mit JA beantwortet und
umgehend den Sperrmüllwagen der Stadt Frankfurt bestellt.
(Wegen der Entsorgung der maßgeschneiderten Transportver-
packung [Bild 1]).

Damit ist die Sache unumkehrbar.

Das *Objekt* – so nennen wir es intern – hat auch schon unseren Alltag spürbar verändert. Mit Einsamkeit und zurück-
gezogener Existenz ist es vorbei. Jetzt ist oft Besuch im Haus.
Alle Leute, die wir kennen, werden eingeladen. Da ist uns kein
Anlaß zu fadenscheinig. (Wir haben uns so lange nicht mehr
gesehen / Gemeinsam die Tagesschau ansehen / Wir haben
von gestern noch Erbsensuppe da / usw.)

Dein Geschenk steht natürlich an prominenter Stelle, und
Du kannst Dir vorstellen, welch interessante Gespräche sich
dadurch entwickeln können.

Also nochmal: DANKE, DANKE!

Um Schaden vom Schwert fernzuhalten (etwa Aussaufen
des Inhalts durch Gäste, usw.), greifen wir zu einer kleinen
Notlüge. Den Leuten erzählen wir, Dir sei der erste Schluck
aus der Klinge versprochen. Das wird von allen akzeptiert.

Also, bis bald

Dein Stroucken

AN EINE JOURNALISTIN

Liebe Svea G.:   3-6-12

»Im Vorfeld« zu meiner Lesung können wir gern ein Telefoninterview führen, aber am 16. selbst muß ich vor dem Aufstehen nach Berlin fahren, um mich in der Kulturbrauerei mit Gregor Gysi auf dem Roten Sofa zu bemuckeln, und kann froh sein, wenn ich es rechtzeitig zu meiner Lesung schaffe. Wenn die Partei ruft … Und am Morgen danach muß ich zügig nach Hamburg zurück, um ein Zigeunerjazzfest zu moderieren.

Das braucht Sie aber nicht zu betrüben, denn Sie werden nicht viel verpaßt haben. Ich bemühe mich, sprachlich immer alles einigermaßen richtig und schön zu machen, bin aber als Analytiker und Exeget eine ziemliche Null. Mein theoretisches Rüstzeug ist denkbar spirrelig, und Amerikanistik habe ich an einem Freitag studiert –, davon, daß ich keine Lust habe, zerkratztes Vinyl nach Berlin, Weimar und nach Hause zu schleppen, ohnehin abgesehen. Und wenn ich MAL zu Hause bin, muß ich übersetzen. Gerade habe ich meine # 176 abgeliefert, Kindergedichte von Shel Silverstein, und schon eilt es wieder: 4 Bücher von Philip Ardagh und eine Kurzgeschichtensammlung von Padgett Powell.

Den gestrigen Samstag konnte ich auch wieder knicken, weil ich da im Rahmen einer Antinazikundgebung (10 000 Menschen; und knapp 400 Gestalten von der Gegenseite) auf dem Rathausmarkt drei Döntjes (»Döntjes« sind, glaube ich, völlig zu Recht ein Pluraletantum, weil es nie bei einem bleibt) mit der kämpferisch vorgetragenen Moral »UND AUCH DESHALB KOMMEN WIR IN HAMBURG GANZ PRIMA OHNE NAZIS ZURECHT!« verteilt habe. Und jetzt gleich werde ich nebenan – irgendwas ist ja tatsächlich immer – beim Eppendorfer Landstraßenfest vor der Firma DAS BUCH in Eppendorf leicht alkoholhaltige Kaltgetränke an Passanten ausschenken und versuchen, ihnen antiquarische Bücher aus der Grabbelkiste anzudrehen. Die Schlechtwettervariante wäre gewesen, daß ich mal was übersetze, aber das Wetter ist – wie immer in Hamburg – traumschön.

Schönen Gruß!!!

Harry Rowohlt

AN INGE FELTRINELLI

Liebe Inge: 11-6-12

Ever since ich Dein Interview im SZ-Magazin gelesen habe, will ich Dir schreiben, aber ich tingele ständig über die Käffer, und wenn ich zu Hause bin, muß ich Bücher übersetzen, oder es ist sonstwas.

Ich bin doch – nach Rühmkorf und Wagenbach – der letzte Springer-Boykotteur, und weil ich gerade so schön am Boykottieren bin, boykottiere ich bei der Gelegenheit auch gleich noch Burda und Bauer mit, UND in meinen Verträgen steht, daß der Büchertisch nicht von einer Thalia-Filiale bestritten werden darf. Darüber lasse ich mich dann gern auf Befragen noch ein bißchen aus: »… Verbrecher … zwölf Jahre Steineklopppen … danach, aber nur bei guter Führung, eventuell Tütenkleben …«, usw., und betone dann Eure vorbildliche Rolle beim Ausbau Italiens zur Kulturnation. Wollte ich nur kurz erwähnt haben.

Ebenfalls kurz erwähnen möchte ich, à propos »Was zählt, ist, daß du den entscheidenden Moment erwischst«, daß ich Dir *mindestens* zwei entscheidende Momente verdanke –, wie der Flughafenmensch, auf Augstein deutend, sagte: »Und das, was der Herr dort macht, ist das genaue Gegenteil von dem, was wir Italiener *bella figura* nennen«, und, unentbehrlich für jede Gender-Debatte, wie Robert Jungks Frau zu Robert Jungk sagte: »Burschi, du hast vergessen, den Weltfrieden zu erwähnen.«

Und jetzt gehe ich ins Mobility Center der Deutschen Bahn, um mir Fahrkarten zu kaufen: München (zum 10. Jahrestag der Stiftung Zuhören <?> 20 Minuten lang was aufsagen <im

VORFELD Frau Glück-Levi vom Bayrischen Rundfunk ein
Telefoninterview gewährt und ihr erklärt, zu ihrem Entzücken,
woher das Wort »Glück« kommt, vom Ge-lücke, dem Schlupf-
loch, das uns das Schicksal läßt; Levi wußten wir schon>) und
Berlin Weimar (Pressefest des *Neuen Deutschland*, mit Gysi auf
dem Roten Sofa kuscheln; wenn die Partei ruft … Und dann
rasend schnell nach Weimar ins Köstritzer <eine Biermarke>
Spiegelzelt, seit Monaten ausverkauft, doch dies streng *a parte*).
Wenn ich so alt werde wie mein Vater, habe ich noch sieben
Jahre zu leben; da muß jetzt alles rein.

Immer beendet man Briefe oben auf der Rückseite statt
unten auf der Vorderseite. Ganz komisch. In dem Zusammen-
hang habe ich vor Jahren festgestellt, daß alles, egal, was, vierzig
Minuten länger dauert als angenommen. Ein Gang auf die
Post dauert siebenundvierzig Minuten; eine Übersetzung, für
die man ein halbes Jahr anberaumt hat, dauert ein halbes Jahr
und vierzig Minuten.

Ich grüße Dich ganz besonders sehr.

Dein Harry

AN JÜRGEN REENTS, »NEUES DEUTSCHLAND«

Lieber Jürgen Reents: 18-6-12

»Ihr beide seid ja ein *winning team*«, sagte Ulla, »aber die alten
Krüstchen waren total überfordert. Da sind sie hingegangen,
um ihren Gysi anzubeten, und dann kommt dieser fremde
Onkel und erzählt Unverständliches.« Und die wunderbare
Menschendarstellerin Tina »Ti« Kemnitz sagte vom hohen
Roß ihrer DDR-Sozialisierung herab: »Diß is' mir hier zu
Zone.« Genauso habe ich es auch empfunden, kurz: ich habe
es sehr genossen. Und mein Pennermützchen ist immer noch
nicht trocken. (Ich hätte meine Blumenspende nicht »Ti«
Kemnitz andrehen sollen, denn in Weimar war die Bahnhofs-
blumenhandlung dicht, so daß ich keine roten Nelken kaufen
und am Thälmann-Mahnmal – »Moinmoin, Teddy«; da freut
er sich denn zu – abladen konnte. Als ich das später im Köstritzer Spiegelzelt berichtete, applaudierte über die Hälfte der
Anwesenden wie besengt.) Die unvermeidliche Frage der
Autochthonen, ob ich mir Weimar denn bereits angesehen
hätte, beantworte ich immer – unter besonderer Berücksich-
tigung des »bereits« – mit einem kühlen: »Ja. 1962.« Und
übermorgen muß ich schon wieder nach Düsseldorf.
    (Am Bahnhof Weimar fragte mich ein Gitarrist, der zu sei-
nem Leidwesen nach Wien zu Studioaufnahmen mußte, ob das
nicht zu anstrengend sei, und ich antwortete mit Robert Mitch-
ums Antwort auf die Frage, warum er Schauspieler geworden
sei: »Immer noch besser als arbeiten.«) Schönen Gruß dein!!!
Harry

P. S.: Euer Faxgerät will so früh noch nicht. Da gibt es diespas-
tos mit der Postpost. D. O.

AN MARTIN MOSEBACH

Lieber, hochverehrter Herr Mosebach: 22-6-12

Befürchten Sie nicht, daß Ihre Anregung, Gotteslästerung wieder strafbar zu machen, den Tatbestand der Gottesleugnung erfüllt? Denn wenn und falls es IHN gibt, wird ER ja wohl SELBST am ehesten wissen, wie mit jenen, so IHN lästern, zu verfahren ist –, oder, wie Flann O'Brien zur Begründung, weshalb er sich von Gotteslästerern fernhalte, schrieb: »Wenn es IHN nicht gibt, wozu IHN lästern? Und wenn es IHN gibt –, wer garantiert mir, daß ER gut zielen kann?«

Ich grüße Sie herzlich.

Harry Rowohlt

VON MARTIN MOSEBACH

Lieber, nicht minder verehrter Herr Rowohlt,

herzlichen Dank für Ihren Brief mit dem bedenkenswerten Wort von O'Brien.

Es bedrückt mich nun, daß ich mich in meinem Einwurf so undeutlich ausgedrückt habe: Ich wollte keineswegs anregen, die Gotteslästerung wieder strafbar zu machen, sondern sagen, daß ich es für möglich halte, daß man es bei anwachsender muslimischer Bevölkerung für sinnvoll halten könnte, diese Strafbarkeit um des inneren Friedens willen wieder einzuführen. Und dann wollte ich sagen, daß der Kunst daraus kein Schaden erwachsen müßte, weil die risikolose Blasphemie keinen Joyce und keinen Panizza und keinen Baudelaire hervorgebracht hat, sondern flaches armseliges Zeug.

Daß es ein schwieriges, vielleicht gar hoffnungsloses Unterfangen ist, festzustellen, was denn nun Blasphemie sei, steht auf einem anderen Blatt – Christus mit Gasmaske von G. Grosz jedenfalls nicht.

Mein Kernwiderwillen ist eigentlich der: es als Recht anzusehen, Leute zu beleidigen, die sich nicht wehren dürfen. Mit Wonne sah ich am Fernseher, wie Zidane dem Italiener, der seine Schwester beleidigte, den Glatzkopf in die Magengrube rammte – vielleicht verstehen Sie das, oder habe ich mich mit diesem Bekenntnis endgültig unmöglich gemacht?

Nochmals: Danke für Ihre Zeilen!

Herzliche Grüße,

Ihr Martin Mosebach

REDAKTION »SEASON«

Liebe Susanne Klingner: 26-6-12

Telefonisch habe ich Sie nicht erreicht; danke für die Anfrage.
    Ich habe m. W. noch nie eine Frauenbiographie gelesen.
Nicht mal eine geschrieben.

Schönen Gruß!

Harry Rowohlt

AN EINE VERANSTALTERIN

Liebe Anke Sch.:   27-6-12

Dies ist der erste Brief auf meiner neuen Schreibmaschine, der letzten Schreibmaschine, die je hergestellt wurde und werden wird.

Vielen Dank; es war wieder sehr schön, und mit Artur Becker habe ich einen unverhofften Freund für's Leben gefunden.

Eigentlich wollte ich Euch die Droschkenfahrt schenken, aber weil mein kleiner Ertu so über Euch geächzt hat, lege ich die Quittung nun doch bei.

Die schöne Eintragung ins Gästebuch, die mir gleich zu Anfang beim Warten an der Rezeption eingefallen war, wurde mir beim Auschecken gar nicht abverlangt –, aber an den Wänden hängen ohnehin nur Autogrammkarten von Stars aus dem Beitrittsgebiet. (Dabei war mein Vater Ehrendoktor der Karl-Marx-Universität Leipzig, und es gab in Leipzig eine Ernst-Rowohlt-Straße. Die ist wahrscheinlich nach der Vereinigung in Dr.-Josef-Goebbels-Straße zurückbenannt worden. Hauptsache, Akademiker.)

> Sei's in Jeanskluft, sei's im Janker,
> Wand'rer, nächt'ge stets im »Anker«.

Ordentlich Apostroph. Schönen Gruß an Dr Straub und Andreas Berner! Und seien Sie selbst herzlich gegrüßt!

Ihr Harry Rowohlt

AN GERD HAFFMANS

Lieber Chef:

Weil mir die »Feiernden Deutschen«, die bei uns auf dem feineren Waschbecken-und-Lektüre-Klo stehen, jeden Tag soviel Freude bereiten, möchte ich Dir zum Thema »Was Lyrik vermag« einen kleinen Triumph aus dem vorigen Jahr berichten.

   Nach einem »Gregor Gysi trifft Zeitgenossen«-Termin im –
AUSVERKAUFTEN!, doch das nebenbei – Deutschen Theater zu Berlin habe ich den Damen Gabriële, der Schwester von Gregor Gysi (links), und Daniëla Dahn (rechts) meinen Vierzeiler zu Hurzlmeiers altmeisterlichem Schweinegemälde aufgesagt:

> »Brigitte von der LPG
> Bestraft das Schwein, das tut zwar weh,
> Doch ist dem Schwein das sehr, sehr recht;
> Jaja, es war nicht alles schlecht«,

und wurde daraufhin von links und rechts umarmt und abgeküßt, wobei die Damen unisono sagten: »Da ist ja die ganze DDR drin!«
   Dem ist nichts hinzuzufügen.

Dein Harry

P. S.: Jedenfalls nicht viel. D. O.

P. P. S.: Daß der ORF, der »transkripiert«, »Stetoskop« und »Dachhau« schreibt, in meiner Chapman-Übersetzung Rechtschreibfehler entdeckt hat, erfreut mein Herz. Jetzt wüßte ich nur gern, welche.

P. P. P. S.: Anna sagt – an ihrem Geburtstag! –, Du sollst mal wieder einen Raben machen. Das war doch immer so schön.

AUF EINE ANFRAGE, GEDICHTE EINZULESEN

Och, lieber Horst P.:   8-8-12

Ich bin, im Gegensatz zum von Ihnen mit Recht verehrten
Gert Westphal, kein gottverdammter Scheißversteller, der
Sachen anderer Leute aufsagt. Sagen Sie Ihre Gedichte doch
verdammtehackenochmal selbst auf! Dazu sind sie da!! Das
können Sie mir glauben!!! *Sie* dichten Gabriele an, nicht ich.
Wenn ich Gabriele andichtete, würde ich mir auch verbitten,
daß Sie das aufsagen. Wenn Sie tot wären, hätte es einen ver-
nünftigen Grund, wenn andere Ihre Gedichte aufsagten. Sie
sind aber nicht tot, also machen Sie was draus, und sagen Sie
Ihre Gedichte auf. Dazu sind sie da. Dazu sind Sie da. Und
tschüs.

Harry Rowohlt

ZUM TOD VON LUCIUS, »TRUCK STOP«

Liebe Ingrid: 5-9-12

Am Montagabend sind wir aus Griechenland (wo ich Lucius'
Foto im *SPIEGEL* geküßt habe; mußte sein) zurückgekommen, und da war es zu spät für das Downtown und für alles.

(In den 47 Zentimetern Post war außer Eurer Benachrichti-
gung ein Fax meiner Lieblingslektorin, die inoperablen Krebs
hatte, ihn trotzdem operieren ließ und nun wieder gesund ist.
Ich habe mir erlaubt, das als Trost zu nehmen. You win some,
you lose some.)

Lucius wird mir bis an mein Lebensende empfindlich feh-
len. Ich verneige mich vor ihm und Dir.

Dein Harry

AN CHRISTINE SCHNEIDER, SAUERLÄNDER

Liebe Désirée C.:   5-9-12

Na, das ist ja eine gute Nachricht, genauer gesagt: die beste!

Ich bin vorgestern nacht aus Griechenland zurückgekommmen, hohläugig und zerfetzt, blöd, wie ich bin, wollte ich gestern um 12 ins hiesige Literaturhaus, der Verleihung des ersten Literaturpreises an Gerhard Henschel beiwohnen, den er bisher bekommen hat, und dann gleich weiter nach Berlin flutschen, zu einem Empfang der Vertretung der Freien und Hansestadt Hamburg (hauptsächlich weil Herr Staatsrat Schmitt mich persönlich eingeladen hatte, und Herrn Staatsrat Schmitt kenne ich aus Altonaër-Fabrik-Zeiten; da habe ich ihn immer, weil er alles so vorbildlich machte, »das lustige Rotgardistenblut« genannt), aber Du kennst ja Deinen Freund Harry: Lieber sitzt er zu Hause und liest stinkfaul Korrektur. Und morgen geht's nach Dietzenbach, Taunusstein, Wiesloch (aber nicht das normale Wiesloch, wie wir es kennen, NEIN, Wiesloch-Walldorf) und Aachen (aber nicht das normale Aachen, wie wir es kennen, NEIN, Aachen-Kornelimünster). Immer nur die Metropolen ist ja auch öde.

Heute morgen um 5:15h habe ich wunschgemäß – wo wir gerade von Metropolen sprechen – den Bunker Ulmenwall in Bielefeld verherrlicht, und diese Verherrlichung faxe ich Dir aus Quatsch jetzt hinterher.

UND DANN MACHEN WIR Mr GUM 8 UND 9 WIEDER ZUSAMMEN. DAS WIRD DANN WIEDER SCHÖN.

Und vorher (oder auch nicht; wenn Du mir jetzt schon die # 8 schicken willst; ich habe 156 von 221 Seiten Padgett Powell, dem ollen Faselfritzen, gelutscht und hätte danach Zeit und Lust auf was Solides) sehen wir uns am 15. huius!

Schönen Gruß! (Jetzt gibt es grüne Suppe. Habe ich frisch erfunden.)

Dein Harry

AN EINEN VERANSTALTER

Lieber Michael R.:   15-9-12

Nochmal vielen Dank für die vorbildliche Planung und glimpfliche Durchführung unser gemeinsamen Kulturveranstaltung!

Und schönen Gruß an Claudia und Herrn Schaller(?)-Schmidt!

Ich habe mir zum Einschlafen ausgemalt, was mir alles nachts im Beitrittsgebiet hätte zustoßen können, wenn Sie mich nicht zum Hôtel gefahren hätten, und mir ist nichts eingefallen.

Eins meiner Lieblingserlebnisse, fällt mir gerade ein, war, als ich mich in der Pause an den Büchertisch setzte, um zu signieren, dabei wie immer auf die freie Stelle auf dem Büchertisch patschte und »Mein Arbeitsplatz – mein Kampfplatz für den Frieden!« sagte und Herr Schaller-Schmidt und der Buchhändler mir unisono »Wie wir heute arbeiten, werden wir morgen leben!« Bescheid taten. Prima in Schuß, die Truppe. Diese, noch dazu so prompte, Reaktion hatte ich noch nie.

Mein Lieblingsbeitrag am nächsten Abend (Vorstellung von Mark Twains geheimer Autobiographie im tak, dem Theater Aufbau Kreuzberg) ging so: Der Verleger hielt eine Rede, der Übersetzer (nicht ich) hielt eine Rede, dann spielten Dieter Faber (Gitarre, Dobro) und Steve Baker (Mundharmonika) den Delta-Blues, dann war ich dran und sagte (ziemlich zu Beginn des Abends, wohlgemerkt): »So ist es doch noch ein schöner Abend geworden.«

Jetzt kann ich auch schon wieder anfangen, mich zu sputen: 14:ooh Soundcheck mit Andy Stanton (das ist der mit Mr Gum) im Imperial-Theater auf der Reeperbahn. Und vorher frühstücken (dabei die *Lindenstraßen*-Folge vom letzten Sonntag sehen), schlafen, baden, ich *kann* Ihnen sagen.

Schönen Gruß!

Ihr Harry Rowohlt

VON KARL-OTTO SAUR

Lieber Harry,

wie oft wollte ich schon schreiben, aber das kennen wir ja, diese Schlampereien. Das erste Mal war, als ich dachte, ich ziehe gleich und habe auch Polyneuropathie (ich habe übrigens viele Leute damit verblüfft, daß ich die Krankheit nicht nur fehlerfrei aussprechen konnte, sondern auch noch erklären konnte – man sinkt im Sand ein), aber dann war es nur ein ganz normaler Parkinson.

Also warum heute: Heute früh höre ich im Radio den Hörbuchtip der Woche »Harry Rowohlt liest Mark Twain (warum eigentlich nur 4 CDs waren die Random-Bertelsfrauen zu geizig?). Und dann miste ich meinen Schreibtisch aus, weil ich doch im November zum letzten Mal Baden-Baden mache. Und was fällt mir in die Hände? Ein *Pooh's Corner* (Apostroph von Dir), was heißt ein, es war die Ecke, aus der Du drei gemacht hast, zum dreifachen Honorar. Wenn das der alte Bucerius noch mitbekommen hätte.

Und schreibst über die Beine von Eva Mattes. Und ich habe ihr gestern eine Mail geschickt und geglaubt, durch einen Hinweis auf die Beine, die doch alles machen, sie zu bewegen, bei einer kleinen Gedenkfeier für Susanne Lothar mitzumachen. Aber sie sagt mir ab, weil sie eine heulende Mattes auf der Bühne überflüssig findet.

Und Anfang des Jahres sitze ich bei einer Vorführung beim Bayerischen Rundfunk neben Hans W. Geißendörfer, mit dem ich in einen Wettbewerb einsteige, wer von uns Dich schöner preisen kann. Ich glaube, ich habe verloren.

Aber ich wollte es Dir wenigstens mitteilen, bevor die Leute vergessen, daß Du mich dreimal eine Legende genannt hast.

Im übrigen habe ich mich mal beim Verlagsleiter der *ZEIT* beschwert (der immerhin im Vorstand des Freundeskreises der Deutschen Journalistenschule mein Stellvertreter war), daß ein Pooh's Corner im Inhaltsverzeichnis unter »Rubriken« aufgeführt war.) Kein Wunder, daß seitdem keine mehr erschienen ist.

Im übrigen, solltest Du aufgrund des großen Erfolges eine weitere Lesung in Baden-Baden planen, lege sie doch um den 20. November herum. An diesem Abend wollen mich meine Kolleginnen dort verabschieden. Vielleicht brauchen sie noch einen Zeugen, daß ich wirklich gehe.

Dein K.-Otto

Dir alles Liebe

Lieber Karl-Otto: 19-10-12

Nichts geht verloren, fast jeder Kreis schließt sich. Nachdem ich Dir meine Faxnummer gefaxt hatte, teufelte ich davon, nach Köln, zwei – wunderschöne – Drehtage *Lindenstraße* abreißen, ohne Dein eigentliches Fax abzuwarten.

Nun, da es vor mir liegt, kann ich sagen: »Und wieder schließt sich ein Kreis«, denn in dem Geißendörfer-Film *Schneeland* (aus dem rätselhafterweise, als ich ihn im Kino sah, mehr Menschen <laut schreiend> rausgingen, als hineingegangen waren) spielt Susanne Lothar eine Leiche auf dem Küchentisch, und sie atmet nicht nur sichtbar, sie HY-PER-VEN-TI-LIERT! Julia Jentsch allerdings rennt mit großer Geläufigkeit barfuß über Ginster, Flechten und Moose und empfiehlt sich für größere Aufgaben.

Bevor ich nochmal eine Lesung in Baden-Baden abhalte, hänge ich lieber im Kosovo tot überm Zaun. Baden-Baden steht in einer Reihe mit Leverkusen, Lemgo, Böblingen, Büdingen und Offenburg; das trifft sich gut; von Offenburg hab ich's nicht weit.

Der Apostroph in *Pooh's Corner* ist nicht von mir, sondern aus dem Englischen. »Pus Ecke« wäre ohne gewesen.

Nach dem 20. November muß ich stramm nach München, Weißenburg, Augsburg. Weingarten, Schorndorf und Langenau, und sechs Etappen sind eigentlich bereits eine zuviel. Man ist ja nicht Kurt Edelhagen und sein Orchester (oder, wie ich, nachdem ich auf Unverständnis gestoßen war, im Beitrittsgebiet präzisierte, Fips Fleischer und seine Solisten).

Dich aber, Legende, Mythos, Idol, grüße ich so herzlich wie nur je. *Dein Harry*

AN ANDY STANTON

Dear Andy,   October 23rd, 2012

after I finished translation # 176 I was detailed to do two years
and a half of filing and found your new address which enables
me to add something I forgot to tell you while smoking in
front of the Man-Wah. It's just a minor embroidery, »interes-
ting but boring«, as our great essayist and poet Kurt Tucholsky
had it, but I'd like to tell you anyway because it makes me so
goddamn proud. After Mr Gum 2 the publishers told me, they
didn't quite *know* …, they first wanted to *see* …, and I told
them okay, you go ahead and *see*, I'll go ahead and translate Mr
Gum 3 and 4 and find a publisher, and you know what? All of
a sudden they had seen enough and were eager to publish the
entire Gum Megillah real snappily. (I not only forgot to tell
you this, I also forgot my brolly at the Imperial Theater. After
having tried to forget it somewhere for years I finally suc-
ceeded and realized how dearly I had come to like it, that stu-
pid little brolly of mine. I had bought it in Metzingen, of all
places, and hated it because it made me look like an old man
with a brolly who'd rather look like an old man with no brolly.
I bought a new one for € 3.90 that looks nearly the same, and
now I look like guess what.)

It's been a pleasure to work and eat with you, and, although
it's a little late: »The top of the New Year to you, sorr«, as the
Jewish Irish are used to saying. (I hope when you left your
mother's place you said: »Gosh, what a nice Rosh.«)

I do hope to see you again some say. All the best,

Harry-ze-Hun

AN EINE LESERIN

Liebe Susie I.:   27-10-12

Weil ich meine # 176 gelutscht habe, muß ich Ablage machen,
und bin auf Ihren Brief vom 26.5.11 gestoßen, weshalb ich
Ihnen rasch zwei journalistische Triumphe aus der Wortspiel-
hölle mitteilen möchte, wobei »rasch« so eine Sache ist, wg.
sterbensöder Vorgeschichte. Meine Freundin Anna Mikula
und ich waren auf dem Wochenmarkt und setzten uns in stil-
lem Gedenken und um eine zu rauchen dorthin, wo vor knapp
zwei Jahren ein epileptischer Immobilienmakler (der noch bei
seiner Mutter wohnt) mit dem Auto den Schauspieler Dietmar
Mues, dessen Frau, den Publizisten Günter Amendt und eine
weithin unbekannte Künstlerin totgefahren hatte. Anna Mikula
war früher Journalistin (*ZEITmagazin*; Ressortleiterin Kultur
bei der wöchentlich erschienenen Wochenzeitung *Die Woche*)
und hat dann zusammen mit meiner Frau und anderthalb weiteren Damen eine kleine Buchhandlung gegründet. (Jetzt wissen Sie, glaube ich, alles, um meine Brillanz, die jetzt ziemlich
bald kommen wird, ermessen zu können.) Ich schnippte meine
Kippe unabsichtlich in den Drahtkorb auf dem Gepäckträger
eines abgestellten Fahrrads, und Anna sagte: »Wenn jetzt tro-
ckenes Herbstlaub drin wär und kein feuchtes, würde die Presse
schreiben: ›Flammenmeer …‹« / Ich: »›Flammenmeer beim
Blumenmeer‹.« / Anna: »Oder ›Inferno …‹« / Ich (auf die Fi-
liale der Bäckereikette BackWerk deutend: »›Inferno al furno‹.
Anna, aus dir wird nie eine Journalistin.«
   Und jetzt lasse ich Sie zufrieden und mache weiter Ablage.
Schönen Gruß!!!
Ihr Harry Rowohlt

AUF EINE ANFRAGE

Sehr geehrte Frau J., sehr geehrter Herr F.:   30-10-12

Ich bin, was sich offensichtlich nicht bis zu Ihnen durchgespro-
chen hat, mit großem Behagen in der 3. Generation ungetauft,
wildwütiger Agnostiker und leidenschaftlicher Christenfresser,
und wenn Sie schreiben, die drei Vorteile der Unterstützer-
schaft der Privatquartier-Kampagne bestünden darin, daß man
a) in den Medien präsent sei, b) mit seiner Unterschrift in
Ihrem Faltblatt stehe und c) nicht mal einen Gast aufzunehmen
brauche, so bin ich a) in den Medien präsent genug, möchte b)
mit meiner Unterschrift sonstwo stehen, aber nicht in Ihrem
Faltblatt, und c) wimmelt es in unserer Bude ohnehin von kek-
kernden Heiden.

Schönen Gruß und gutes Gelingen,

Harry Rowohlt

AN EINEN VERLEGER

Lieber R. B.: 5-11-12

Ich mache keine Neuübersetzungen, weil die ein Affront gegen die Kollegin sind, die die vorige Übersetzung gemacht hat, und weil ich zu alt für Neuübersetzungen bin. Ständig kommen die Verlage mit einem alten Renner an: NEU ÜBERSETZT VON ..., weil eine Neuübersetzung weniger kostet als die B(a)uchbinde mit dem Text NEU ÜBERSETZT VON ..., dabei sind die Übersetzungen desto besser, je zeitgenössischer sie dem Original sind, was u. a. daran liegt, daß Übersetzer damals noch ein Beruf für die gebildeten Stände war.

Winnie-the-Pooh, *The House at Pooh Corner* und *The Wind in the Willows* habe ich neuübersetzt, weil die vorhergegangenen Übersetzungen so lausig waren (*Hallo, Meister Dachs* und *Die Leutchen aus dem Wilden Walde*, for crying out loud, hießen die), daß ich himmelhochmotiviert war.

Ist denn *Cider with Rosie* bisher so lausig übersetzt? Wenn ja, lese ich gern die ersten zweieinhalb Seiten. (Mehr lese ich a) aus Zeitmangel nicht, und b) wegen Faulkner: »Man sollte den ersten Satz so schreiben, daß der Leser sofort den zweiten Satz lesen will. Und dann immer so weiter«, denn wenn es dem Autor nicht gelingt, mich auf den ersten zweieinhalb Seiten zu fesseln, wird er das auf den folgenden 80 000 Seiten auch nicht schaffen.)

Schönen Gruß und vielen Dank, daß Sie so nett an mich gedacht haben!

Harry Rowohlt

A. S. (das von Flann O'Brien erfundene Anteskriptum): Vielen Dank für die Übersendung von Laurie Lee, *Cider with Rosie*! Das Wetter in Hamburg ist regnerisch, und übermorgen muß ich nach Ludwigshafen, Siegburg und Berlin.

AN EINEN VERLEGER

Lieber R. B.:   6-11-12

Bevor der übermächtig vertretene Buchstabe K anfängt, habe
ich die bekannten zweieinhalb Seiten gelesen, und die sind so,
daß ich sie eigentlich hätte überschlagen wollen. Das ist mir
viel zu empfindsam und zu feinfühlig; ich würde nicht froh
dabei. Wie Haffmans einst zu Tommy Bodmer sagte: »Es ist
nicht Aufgabe eines Lektors, einen Übersetzer davon zu überzeugen, daß das Buch doch ganz toll ist, sondern einen anderen Übersetzer zu finden.«

Anbei das gute Stück mit Dank zurück.

Es hat Spaß gemacht, Sie auf diesem Wege wenigstens ein
bißchen kennenzulernen.

Schönen Gruß!

Harry Rowohlt

AN EINEN HÖRER, ZUR AUFNAHME VON »TRIST-RAM SHANDY«

Sehr geehrter Herr R.:   15-11-12

Das freut mich sehr, daß Ihnen der *Shandy* (dt. »Alsterwasser«) so wohlgetan hat. Bei der Aufnahme habe ich, das beruhigt Sie vielleicht, auch ein bißchen gelitten. Ich habe morgens im Tonstudio so lange gelesen, bis ich nichts mehr sah, bin nach Hause gefahren, habe gegessen und geschlafen und dann so lange weitergelesen, bis ich nichts mehr sah. Trotzdem waren die 22 CDs in Rekordzeit im Kasten; man ist ja kein Schauspieler. Bei meinen Lesungen war mir nie aufgefallen, daß ich dazu neige, irgendwann nichts mehr zu sehen, aber das lag natürlich an den Abschweifungen. Das war immerhin die einzige Hörbuch-Produktion, die Mühe gemacht hat; alle anderen nur Spaß. Da kriegt man ja ein schlechtes Gewissen.

Sehr geehrte Silke Werner, schönen Gruß an Sie, während Sie dies laut und mit Betonung vorlesen. Ich verkneife mir, mit Otto Waalkes zu sagen: »Wie heißen Sie, Silke Werner? Und mit Nachnamen?«

(Ich habe neulich zusammen mit Burghart Klaußner im Politbüro im Rahmen von Thomas Ebermanns »Vers- und Kaderschmiede« eine schulfunkmäßige Bearbeitung von *Wittgensteins Neffe* von Thomas Bernhard vorgelesen, und seitdem bin ich mit Krankheitsschilderungen einigermaßen vertraut. Ich dagegen habe mir dadurch das Recht erworben, mich nicht für die Krankheiten anderer Leute zu interessieren, daß ich mich für meine eigenen auch nicht interessiere.)

Schönen Gruß und gute Besserung!!!
Harry Rowohlt

16-11-12

Liebe Andrea, lieber Michael, bzw. erstmal nur liebe Andrea:

Als ich sagte, Du sollst mal sagen: »Herr Rowohlt, wie erklären Sie sich Ihren ungeheuren Erfolg als Schlagzeuger?« und Du ansetztest, »Herr Rowohlt, wie erklären Sie sich Ihren ungeheuren Erfolg als Schlagzeuger?« zu sagen und ich Dich brüsk mit dem Wort »Timing!« unterbrach, war das nicht unhöflich, sondern der Witz, WEIL SCHLAGZEUGER MEIST ZU FRÜH EINSETZEN! So, jetzt wäre das auch geklärt.

Vielen Dank, es war wieder wunderschön bei Euch, schönen Gruß nochmal, bis 4. November 2013!

Euer Harry

AN EVI STROUX

Liebe Evi:

Seit sechs Büchern schwöre ich Ulla: »Nach diesem Buch mache ich Ablage«, und jetzt ist es, wie Du überdeutlich siehst, soweit, jetzt lege ich Deinen Geburtstagsbrief vom 26.3.10 ab und beeile mich, Dir dafür zu danken.

Das kannst Du jetzt glauben oder nicht, aber ich erinnere mich ziemlich genau daran, daß ich bei Euch *ganz kleine* Schiffe an die Wand gemalt habe. Nirgends durfte man an die Wand malen, nur bei Euch durfte man an die Wand malen; das habe ich natürlich ausgenutzt,

(Eben – auch 2010, auch unter *Str* – habe ich einen Zettel abgelegt, den ich nach der Signierpause auf meinem Tisch vorfand. Da schrieb mir eine *M. Str*auß, sie wolle mich nach der Lesung mitnehmen, und dann müßte ich ihr Abend für Abend den Bauchnabel vollraunen. Doch dies streng nebenbei.)

Das Gegenteil von »am Ball bleiben« war, das wollen wir auch nicht vergessen, »Wiedersehn, Willi«.

Durch meine Tätigkeit bei der *Lindenstraße* bin ich endlich auch in der glücklichen Lage, Schauspieler-Anekdoten erzählen zu können. Keine Sorge, hier kommt nur eine. Ich war einmal dabei, wie Claus Peter Witt Regie führte. Der war dafür beliebt, daß er nicht Regie führte, sondern pünktlich eine Viertelstunde vor Drehschluß fertig war. (Er führte natürlich doch Regie, machte das aber so unauffällig und effizient, daß es niemand merkte.) Ich: »Sag mal, Peter, soll ich vielleicht ein bestimmtes Gesicht machen? Ich meine, wo ich sowieso gerade in Köln bin?« Witt: »Das, Harry, ist eine sehr gute Idee. Mach mal ein bestimmtes Gesicht.« Da hatte er

wieder Regie geführt. Na, noch eine. Ich komme am sperr-
angelweit offenen Staffelregisseursbüro vorbei, in dem Regisseur Herwig Fischer hinter dem Schreibtisch sitzt und hinge-
geben Gitarre spielt. Ich: »Schulst du um?« Fischer: »Ich hab
schon umgeschult. Auf Regisseur.« Danke!!! Tschüs! Ulla
grüßt wie sonstwas!!

Dein Harry

AN EINEN VERANSTALTER

Lieber Werner: 28-11-12

Durch weises Haushalten bin ich kein bißchen weniger erkältet und wohlbehalten wieder zu Hause.

(Gestern in der Eisenbahn war in Hannover Personalwechsel, die neue Kontrolleurin kam rein und sagte: »Guten Abend! Ach, ist ja noch gar nicht Abend, wird nur schon so früh dunkel.« Dann schwatzte und gackelte sie stundenlang mit einer Dame, wie es der Weiber Weise, kam zu mir und sagte: »Moin.«)
(Ich habe mir am nächsten Morgen noch vollständig ansehen können, wie dem Rathaus(?)turm die Weihnachtsmannmütze verpaßt wurde. Sowas hatte ich noch nie gesehen.)

Vielen Dank und schönen Gruß Dir und dem gesamten vorbildlichen Manufaktur-Kollektiv!!!

Harry

AN EINEN VERANSTALTER

Lieber Bernd: 28-11-12

Ich habe mich nicht an Deinen schicken neuen Fahrplan gehalten, sondern mir unsportlich vom Nachtportier ein Taxi
bestellen lassen, um nicht wieder an den Äckern vorbei Stunden um Stunden zum Bahnhof Weingarten Berg latschen zu
müssen –, den dann am nächsten Morgen die Taxenfee nicht
gefunden hat! Trotz Navi plus Handy-Navi und Anruf in der
Taxenzentrale (wo niemand zu Hause war). Schließlich habe
ich mich von ihr beim ersten Bahnhof absetzen lassen, den sie
gefunden hat, Niederbiegen (zum Niederbiegen schön, ging
die Eselsbrücke), denn der war mir als vorletzter aufgefallen.
Ein Blick auf den Fahrplan (man ist ja nicht böd; sonst wär
man ja Taxifahrerin geworden), jawoll, auch sonntags, und die
Taxenfee durfte wieder weg –, die natürlich nie auf die Idee
gekommen war, wie jeder ausgewachsene Taxifahrer zu sagen:
»Ich stell mal zwischendurch den Wecker ab.« (Auf dem Bahnsteig hat es dann nochmal ein Altschwabe versucht: »Ssie stähet
auf dem falschen Bahnsteig«, dabei stand das dick dran, daß
ich auf dem richtigen stand. Ich frage mich immer wieder,
was die davon haben. Sie kommen ja doch nicht damit durch.)
   Das aber berichte ich nur der Vollständigkeit halber. Schön
war es bei Euch! Vielen Dank und besten Gruß an das vorbildliche Linse-Kollektiv, besonders an den wunderbaren Techniker! Schulter an Schulter haben wir das gewuppt!! Huhu-
huu!!!

Dein Harry

AN HARALD MARTENSTEIN

Lieber Harald: 7-12-12

Danke für die nette Erwähnung meiner ü-ber-wäl-ti-gen-den Bühnenpräsenz! Nun zum Geschäftlichen. Ich soll doch eine Martenstein-CD, bzw. zwei Martenstein-CDs machen, stimmt das? Alle sagen das. Am 7./8. Januar soll es passieren. Ich aber hätte Dich nun gern mal gefragt: »Stimmt das denn? Soll ich wirklich eine Martenstein-CD, bzw. zwei Martenstein-CDs machen?« Doch niemand weiß Deine Telefonnummer, bzw. weiß sie vielleicht, gibt sie mir aber nicht, damit ich kein Schindluder damit treibe und Dich nachts vollweine. Meinst Du, Du rufst mich mal an und sagst mir: »Harry, alter Junge und Duzfreund, die Sache sieht folgendermaßen aus«?

Ich aber habe gerade wieder ein Gedicht für die Nashorn-Kinder übersetzt, diesmal eins von Alasdair Gray, diesmal sogar gereimt, haben sie gesagt.

> Calling Wolfgang Wool, Madonna Mad or Ludwig Lud
> is, unless they ask you to, very rude.
> Each self-respecting rhinocerous
> finds the nickname of Rhino preposterous.

> Nennst Josef »Sepp« du, Ludwig »Luggi«,
> Dann bist ein Depp du, schwerstmeschuggi.
> Dem Nashorn, welches auf sich hält,
> Die Uzform »Rhino« baß mißfällt.

Immerhin ein mustergültiger Binnenreim. Schönen Gruß!!!
Dein Harry

AN PETRA UND BILL RAMSEY

Liebe Petra, lieber Bill: 11-12-12

Also, es war so. Mein Mützchen (von der schönsten Frau von
33129 Delbrück, Claudia Gildemeister, während der 2. Hälfte
meiner Lesung gestrickt, und alle männlichen Delbrücker
haßten mich) hatte ich zum Trocknen auf den Heizkörper im
Büro gelegt und anschließend nicht in die rechte Außentasche
meines Colani gestopft, wo es eigentlich wohnt. Dann bin ich
protzig mit dem Taxi zu Euch gefahren und habe natürlich
nicht gemerkt, daß ich mein Mützchen gar nicht dabeihatte.
Und der Rest ist schnell erzählt. Nochmal vielen Dank a) für
den schönen Abend und b) für die rasche, unbürokratische
Überlassung eines Hilfsmützchens, noch dazu eines so über-
zeugenden! (Ich bin mit dem 36er bis U-Bahn Sankt Pauli
gefahren und dann bis Kellinghusenstraße, und alle, die mich
ansahen – und es sahen mich alle an! –, blickten überdeutlich
so drein: »Da sieht er schon *so* aus, und dann hat er noch *so'n*
Mützchen auf. Na.«) Am kranken Hasen war dann nicht viel
zu pflegen, der kranke Hase schlief holdselig seinen Jetlag
weg. Erstmal!

Euer Harry (bemützt)

AN MANFRED BISSINGER*

Lieber Manfred Bissinger: 11-12-12

Dachten wohl,
Dies Jahr
Hätt' ich's vergessen, wie?
»Macht den Kohl
Dies Jahr
Erst fett bemessen. Wie
wird er bangen,
Hangen,
Ob er ihn bekommt?
In diesem Jahr?
Vor Januar,
Damit er ihm noch frommt?«
Dachte ich
Und machte ich
Hinne.
In diesem Sinne,

Ihr Harry Rowohlt

---

* *zur traditionellen Überreichung des Hühnerkalenders*

VON MANFRED BISSINGER

Lieber Harry Rowohlt:

Dichten, ach,
Selten meine Sach!'.
Was für ein Jahr!
Die Kalender als Paar
Vom Hochverehrten,
Dem Riesen-Reim-Gelehrten,
Der wenig pikiert,
Auf dem Deckblatt signiert.
Möwe hin und Huhn her,
Ich bin Dein Fan und lieb Dich sehr!

Hoffentlich auf bald mal!

Ihr Manfred Bissinger

FÜR JENS MICHAEL BERGER, HRS »LEIBARZT«

28-12-12

Bescheinigung

Hiermit wird Herrn
Jens Michael »Präsi« Berger
bescheinigt, daß er der
absolute Wunderheiler ist.

Harry Rowohlt

2013

»Wenn ich Mehdorn mal treffe, zwinge ich ihn,
sein Toupet zu fressen«

AN HERWIG BITSCHE

Lieber Igel:

Danke für das schöne Buch! Jetzt habe ich schon zwei Kinderbücher geschrieben, die ins Ausländische übersetzt wurden.
(Obwohl, grummelgroll, ich das ganz gern selbst gemacht
hätte. Dann hätte wenigstens das Metrum gestimmt. Ich bin ja
schon froh, daß ich die Nachdichtungen überhaupt vorher zu
sehen bekommen habe. Der Cecilie Dressler Verlag – bei dem
das Prinzip »Behörde« auf das Prinzip »Saftladen« trifft – fragte,
als ich sagte, ich würde die gern mal sehen: »Vor Erscheinen?«
und ich sagte mit meiner bekannten Engelsgeduld: »Ja. Vor.
Erscheinen.« David Henry Wilson – den man getrost etwas
GRÖSSER hätte erwähnen können – hatte die Illustrationen
des Großen Walter Trier teilweise verstümmelt gemalt bekommen und nicht verstanden, und wenn ich mich nicht VOR
ERSCHEINEN mit ihm ins Benehmen gesetzt hätte usw.)
   Als ich vor Jahren als Deklamiertier mit Magister Christian
Maintz über die Käffer tingelte, habe ich telefonisch ein Gedicht von Fritz »F. W. Bernstein« Weigle für meine Freundin
Kara McKechnie ins Englische übersetzt, damit sie es an der
Universität zu Leeds mit ihren Studenten durchnehmen
konnte. Ich kann das also, sogar telefonisch, sogar *mit* Metrum. »Welches Gedicht denn?« höre ich Dich fragen. Dieses,
lieber Igel, dieses:

> Horch! Ein Schrank geht durch die Nacht,
> Voll mit nassen Hemden.
> Den habe ich mir ausgedacht,
> Um euch zu befremden.

Hark! A closet walks by night
Full of shirts so wet.
Did I invent it? Thought you might
Be displeased? You bet!

Schönen Gruß, Mensch!

Dein Harry

AN EINE LESERIN

Liebe Frau V.:   14-2-13

Anbei die Quelle, *TITANIC* 2/13, mit Dank.

Neulich nannte der göttergleiche Josef Hader (in »Die Auf-
schneider«) ein BMW-Cabrio eine Pupperlhuutschn, und nur
zwei Tage später hupte ein BMW-Cabrio lang und laut und
grundlos. Na, da war ich gerüstet. Leider war das Fetzldach
witterungsbedingt nicht offen, und so verhallte mein schönes
»PUPPERLHUUTSCHN!« wirkungslos. (Soviel zum Thema
Halawachl.)

Nach meiner Lesung im Konzerthaus zu Wien bin ich mit
dem Marecek und seiner Christine – eine von vier genehmig-
ten Kanten pro Jahr – sehr angenehm eingekehrt und berichtete der Christine, wie ich mal zum Marecek gesagt hatte:
»Die klaanen Bladen san eh die Besten«, und der Marecek
sagte: »Na, *EH*«, und ich sagte: »Und der gesamte Körper floß
in diesen Vokal.«

Ich grüße Sie herzlich und geh weiter auf Hackl.

Ihr Harry Rowohlt

AN DIRK REHM

SO, LIEBER DIRK REHM,   16-2-13

ICH LASSE DIE VERSALIEN EINFACH AN.

RECHTZEITIG ZUM MONATSENDE (WEIL'S AM
DIENSTAG NACH SCHRIESHEIM <???>, REUTLIN-
GEN, ULM, GRÖBENZELL <??>, KASSEL UND TROIS-
DORF GEHT) DIE CRUMBS.

ICH HABE CRUMB ANGERUFEN, WAS EIN »BLIB«
(S. 06) IST, UND ER WUSSTE SOFORT BESCHEID.
WIRKLICH EIN TRAUMVATER. (EIN »BLIB« IST EIN
WORT, DAS SOPHIE DAMALS ERFUNDEN HAT. DAR-
ÜBER HINAUS WEISS DAS INTERNET, DASS EIN
»BLIB« EIN SELTENER SLANGAUSDRUCK FÜR EIN
KLEINES SCHWARZES KIND MIT ROTZNASE IST.
NÜTZLICHES WORT.) AUSSER WEGEN DES BLIBS
HAT SICH DIE ARBEIT GELOHNT, WEIL ICH NACH
ÜBER ZWANZIG JAHREN MAL WIEDER »GEILE
SCHOTE« HINSCHREIBEN KONNTE. SAGE ICH JETZT
ERSTMAL STÄNDIG UND KOMMT GUT. ICH SEHE
ES FÖRMLICH ALS WERBENDES BEIWERK:

»Geile Schote!« (Harry Rowohlt)

UND WIE WÄR'S DENN MAL MIT BELEGEXEMPLA-
REN?

(Gestern abend hatte ich eine Lesung in Hittfeld, und im
Publikum saß der Herr, dem ich mein Bielefelder Lieblingserlebnis zu verdanken habe. Ich hatte in Bielefeld das Gedicht
»Deutung eines allegorischen Gemäldes« von Robert Gernhardt aufgesagt, anschließend sagte der betreffende Herr, ich

hätte das viel schöner aufgesagt als Christian Quadflieg. »Was?!« hatte ich gesagt. »Christian Quadflieg hat ›Deutung eines allegorischen Gemäldes‹ von Robert Gernhardt aufgesagt?!« Und der Herr hatte gesagt: »Nö.« In der Pause gab er sich zu erkennen, und nach der Pause bat ich ihn, sich zu erheben und huldigen zu lassen. Das war SO schön, wie die Menge ihm zujubelte, weil er einmal im Leben an der passenden Stelle »Nö« gesagt hatte.) Schönen Gruß!!!

Harry Rowohlt

Liebe Ruth Sch.: 26-2-13

Jetzt weiß ich, was ich auf die Frage »Schriesheim? Gröben-
zell?« antworte, wenn ich »Schriesheim – Reutlingen – Ulm –
Gröbenzell – Kassel – Troisdorf bei Siegburg bei Bonn bei
Köln« aufzähle: »Schriesheim ist mit der Straßenbahn € 6,40
von Mannheim und € 1,90 von Heidelberg entfernt und Grö-
benzell 12 Stationen mit dem 340er von Puchheim.«
   Bei meiner gestrigen Rückkunft fand ich einen sehr lieben
Brief aus 64390 Erzhausen vor. Ein Ehepaar hatte von der
betreffenden Tochter zwei Eintrittskarten im verschlossenen
Umschlag geschenkt gekriegt, Ohrstöpsel eingepackt (Schule?
Das kann laut werden), die Adresse in den Navi gefüttert und
wurde dann angenehm enttäuscht. Weiß nun auch für alle
Zeiten, wo und was Schriesheim ist.
   Ja. Vielen Dank an Sie und alle anderen vorbildlichen Men-
schen für die meisterliche Logistik und glimpfliche Durchfüh-
rung unserer gemeinsamen Kulturveranstaltung!!! Und nach
wie vor gilt natürlich: Oma, Opa, Mädchen, Bube –, / Ab in
Utes Bücherstube! (Am Abend drauf in Reutlingen sagte der
Büchertisch: »Auf Osiander fällt dir sowieso kein Reim ein.«
Die hätten sich gewundert!) (O Ichthyolog', von »Aal« bis
»Zander« / Bestimmungsbuch kauf bei Osiander!)

Gaaaaaaanz herzlich,

Ihr Harry Rowohlt

AN EINE VERANSTALTERIN

Liebe Irmgard C.:   24-4-13

Dank, Dank über Dank Ihnen und den vielen, vielen fleißigen Helferinnen (denen besonders) und Helfern!!!

(Wie gut, daß wir alle so sehr viel zuverlässiger sind als die Bahn. Ich habe gestern den ganzen Tag damit verbracht, von Co- nach Hamburg zurückzukommen. Coburg–Bamberg ging noch ratzfatz, aber Bamberg–Würzburg wurde dann schon schwierig, und Würz--Hamburg … oha. Wenn ich Mehdorn mal treffe, zwinge ich ihn, sein Toupet zu fressen. Nur gut, daß das *nach* der Tingeltour Bad Kissingen–Alsfeld–Bamberg–Coburg passierte bzw. nicht passierte. Ich wäre nie und nimmer um 19:15h im Haus Contakt vor dem Kruzifix gewesen.)

Moinmoin, schönen Gruß, vielen Dank und tschüs –,

Harry Rowohlt

AN EINEN VERANSTALTER

Lieber Stefan D: 24-4-13

Das war ja sehr erfreulich. Normalerweise wird man in Stadt- und Staatstheatern schlecht behandelt, weil es den Leuten wurscht ist, wenn man ihnen die Hütte vollmacht, da sie nicht von Eintritts-, sondern von Steuergeldern leben. Vielen Dank an Sie und schönen Gruß an den Herrn Intendanten, Herrn Lewandowski (wenn man ihn denn so schreibt), sowie das gesamte vorbildliche Theaterkollektiv!

(Meinen Sie, Sie können mir noch einen zusätzlichen Gefallen tun? Mein alter Freund Rrrudi war da, ein wunderbarer Buchhändler, mit dem ich früher immer alles in Bamberg gemacht habe. Kennen Sie den? Wissen Sie, wie er mit Nachnamen heißt? Kennen Sie jemanden, der das weiß? Ich würde ihm gern ein zierliches Kopf-hoch-Alter-Briefchen schreiben.)

Ins Gästebuch des Hôtels habe ich mich *so* eingetragen:

Ich bin zwar zum Telefonieren zu doof,
Empfehl' aber wärmstens den Bamberger Hof.

(Ich war gar nicht zu doof, sondern das Telefon war kaputt, wie sich herausstellte, aber zum Umdichten war ich zu träge. Und wie hätte das ausgesehen?! »Er ist zwar zum Telefonieren zu doof, / Doch empfehl' ich ihn trotzdem, den Bamberger Hof.« Ein Unding.)

Und tschüs.

Harry Rowohlt

AN DEN BUCHHÄNDLER RUDI

Mensch, Rrrudi!   18-5-13

Schön war's, Dich zu sehen, aber dann warst Du schon wieder
weg. Ich hatte fest vorgehabt, Dich noch kurz über den Schel-
lenkönig zu loben (»... mein Bamberger Mentor ... alter
Kampfgefährte ... nichts ohne ihn ...«, so in der Art), hab's
aber offenbar vergessen.

   Ich hatte Stefan Dzierzawa auf Deine Adresse angesetzt, aber
mein Fax mußte erst den Stadttheaterinstanzenweg durch-
laufen, bevor es ihm ausgehändigt wurde, und dann mußte
ich auch noch aus Kassel, Kassel, Soest, Köln, Voerde und
Dor'mund zurück sein, bevor ich Dir dies Lebens- und
Hochachtungszeichen schreiben konnte.

   Weißt Du noch, wie die Grünhööksch (= Gemüsehänd-
lerin) Dir die Lauchzwiebeln oder was für umsonst gab, weil
Du in Begleitung des Penners aus der *Lindenstraße* warst? Ein
unschlagbares Team. Das müssen wir nochmal probieren. Mal
sehen, ob der alte Zauber noch wirkt.

   Und nun zurück an Abbie Hoffmans Autobiographie. Die
wenigen Menschen, die wissen, wer Abbie Hoffman ist, fragen: »Steht auch was über seinen Selbstmord drin?« »NEIN«,
sage ich dann mit meiner bekannten Engelsgeduld, »ER HAT
SEINE AUTOBIOGRAPHIE NOCH ZU LEBZEITEN
VERFASST.«

Ich grüße und umarme Dich.

Dein alter Harry

AN KLAUS BITTERMANN

Lieber Klaus: 24-4-13

Ja, das war eine rundherum erfreuliche Veranstaltung. Und
dann erst der/die/das Falafel!!!

Am nächsten Morgen auf dem Hauptbahnhof sah ich auf der
großen blauen Anzeigetafel Dings Uhr 16, Gleis 12 und bin zu
Gleis 12 getobt, wo aber nichts war. Ich fragte den Herrn
Stationsvorsteher, der mich verspottete: »Töhöhö! Und dann
auch noch Gleis 12! Ausjerechent.« Schier nicht lassen konnte
er sich vor Schadenfreude, bis ich sagte: »Welches Gleis ist
denn nun das richtige? Sie machen mich allmählich neugie-
rig.« Trottel, der. Nichts hat sich geändert seit '66. Die Berliner sind zum Mutterwitz verdemmt, mit diesem aber überfordert. (Kein Vergleich mit den kleinen hilfsbereiten Frranggen
in Bad Kissingen, Bamberg und Coburg, von wo ich gestern
zurückgekommen bin. Da muß man heimlich auf seinen
Stadtplan kucken, weil sie einen sonst da, wo man hin will,
hinbringen, persönlich, unablässig labernd, unablässig labernd.)

Was das Virus betrifft, so ist auf den Duden traditionell geschissen. Da sitzen Stiesel, die jeden Morgen *Bild* lesen, und
wenn eine Ungeheuerlichkeit zum zweiten- oder drittenmal
drinsteht, wird sie eilig sanktioniert. DIES IST KEINE SATI-
RISCHE BEHAUPTUNG, SONDERN DAS STIMMT!!!!
Und daß die Reichen die G'stopften sind (und nicht die
G'spritzten), da kannst Du mehrere Millionen Österreicher
fragen. Mir glaubst Du ja nicht.

Ja, würde mich auch freuen, so eine schöne Lesung irgendwann mal zu wiederholen.

Meine Fahrkarte kann ich Dir schicken; € 76,– hat sie gekostet (2. Klasse, BahnCard 50%; dafür kann man's nicht selbst

machen). (Klammer wieder auf: Am Morgen nach einer Lesung in Kampen auf Sylt sagte die Veranstalterin, als wir noch rasch Reisekostenabrechnung machten: »So geht es also auch«, ich machte: »Hä?« und sie sagte: »Ich mußte in der Hochsaison ein Zimmer für die Pilotin von Klaus Bednarz besorgen.« Was, lieber Klaus, machen wir falsch?)

Na, dann gib mir mal 15 Ocken pro Seite. Obwohl auf meinen Seiten mehr draufsteht als bei anderen KollegINNen. So wenig habe ich nicht einmal in meinen finstersten Anfängen gekriegt, nicht einmal von Suhrkamp. Stimmt nicht ganz. So wenig wie von Suhrkamp kriegt man nirgends. Wenn man nicht der verehrte Kollege Wollschläger ist. Aber bewahre bitte strengstes Stillschweigen über die Regelung. Sonst sagen alle: »Für Bittermann berechnest du wohl Genossenpreise, wie?«

So ein schöner Titel ist schwer zu finden. Er müßte wieder ein Zitat sein und wieder so ein schöner Versprecher (denn korrekt lautet der Spruch natürlich »Keine Möbel zu Hause, aber Geld für Alkohol«). Ich verspreche Dir, mir darüber keinerlei Gedanken zu machen, sondern vielmehr darüber, was ich morgen in Lüneburg biete, denn da war ich gerade erst, und man will ja nicht ständig mit demselben alten Scheiß ankommen. In Luckenwalde und Frankfurt an der Oder brauche ich mir keine Sorgen zu machen; da war ich lange genug nicht; in Kleinmachnow war ich noch nie, und in Stendal war ich das letztemal mit dem renommierten Humorkundler Magister Christian Maintz (und da waren lauter nette alte Leute, die da von ihren Kindern hingeschickt worden waren: »Da könnt ihr getrost hingehen; wir gehen erst wieder hin, wenn Harry ohne Aufpasser kommt.« <Und am nächsten Morgen, nach meiner ersten Lesung in Stendal, stand mein gesamtes Publikum geschlossen auf dem Bahnsteig, mit roten Fahnen und teilweise sogar FDJ-Hemden. Die wollten nach Leipzig,

Nazis klatschen. »Komm doch noch schnell mit. Es wird bestimmt wunderschön.« So stolz war ich noch nie.>)

Gestern von Coburg nach Hause war ich den ganzen Tag beschäftigt. Von Coburg nach Bamberg ging es noch planmäßig, aber von Bamberg nach Würzburg hakte es bereits, und von Würz- nach Hamburg … Wenn ich Mehdorn mal treffe, zwinge ich ihn, sein Toupet zu fressen.

Nun noch rasch vier Ergebenheitsadressen an die Veranstalter (zwei Arschkrampen, die wollten, daß ich ihren Roman verlege, habe ich bereits rasiert), und dann begrübele ich Lüneburg.

Schönen Gruß!!! Auch an die entzückenden Damen!!!!

Dein Harry

AN EINEN FAN

Lieber Heinz:

Das mit dem Duzen ist mir sehr recht. Nachdem mir eine
Lindenstraßen-Kollegin zum drittenmal im Suff das Du angebo-
ten hatte, fragte sie: »Oder duzt du nicht gern?« Ich versetzte
mit meinem bekannten lyrisch timbrierten Kavaliersbariton:
»O doch, ich duze gern … und gut!«

Ich bin erst gestern aus Kassel, Soest, Köln, Voerde und
Dortmund zurückgekommen und storche seitdem durch die
Wohnung, daß es eine Art hat –, habe auch bisher noch keinen
gewischt gekriegt. Vielen herzlichen Dank! (Daß man im All
nix hört, habe ich gewußt. Hatte in Physik schließlich nur eine
5, keine 6.) (Klammer wieder auf: Neulich las ich Bertrand
Russells schönen Spruch wieder: »Mit zwanzig war ich Mathe-
matiker. Mit dreißig hat es nur noch zum Physiker, mit vierzig
nur noch zum Philosophen gereicht. Ich hoffe, ich werde mit
fünfzig nicht Literaturwissenschaftler.«)

In Dortmund sagte mir in der Pause ein Männlein, es sei
zum Evangelischen Kirchentag in Hamburg gewesen; wollte
dafür offenbar gelobt werden. Konnte es haben. Ich sagte:
»Kompliment. Im Polizeibericht hieß es, es sei zu ›keinerlei
Ausschreitungen‹ gekommen. Das sieht bei Heimspielen des
FC St. Pauli gegen Hansa Rostock anders aus.« (Nach einem
solchen sagte mir mal eine Polizistin voller *cafard*: »Ich hätte nie
gedacht, daß es so wenig Spaß macht, Nazis zu vermöbeln.«)

Und nun zurück ans Übersetzen von Abbie Hoffmans Autobiographie. (Der war einer der führenden Köpfe der Yippies,
die mal – erfolglos – versucht haben, durch schiere Meditation
das Pentagon um 5 cm zu levitieren. Eine meiner Lieblingsstellen steht in dem Kapitel mit dem schönen Titel »Ur-

sprünge der jüdischen Weltverschwörung«: »Die Juden sind entweder hinter dem Geld oder hinter der Pleite her. Wenn Schlaumeier herumlaufen und ›Proletarier aller Länder, vereinigt euch‹ oder ›Jeder Typ will's mit seiner Mutter treiben‹ oder ›E=mc²‹ sagen, kann man sicher sein: Die sind hinter der Pleite her.«)

ICH HÄTTE NIE GEDACHT (falsche Taste gedrückt), daß ich so hatsche. Sie haben mir die Augen geöffnet. Ich dachte immer, nur die Jugend hatscht. »Hatschen ist das Vorrecht der Jugend«, habe ich immer gedacht. »Hatscht nur, solang' ihr's noch könnt«, habe ich immer gedacht. Und jetzt das.

16 Alpakas hast Du?! Mein Freund Alfred Polgar schrieb mal über Max Reinhardt: »Wie schön, daß er jetzt ein eigenes Schloß mit einem See und zehn Schwänen bewohnt! Besonders wir freuen uns darüber, die wir ihn bereits kannten, als er in einer Mansarde mit einem, allerhöchstens zwei Schwänen wohnte.« Was sagen denn die Nachbarn dazu? »Das sind ja komische Schafe. Sind die mit eingebautem Hütehund?« (Unser neuer Gemeindehirt in Páltsi <Griechenland> hat für seine Schafe keinen Hund, sondern eine Ziege. Die frißt weitgehend dasselbe wie die Schafe – plus alte *Brigitte*-Jahrgänge –, ist aber viel gemeiner als jeder Hund und macht den Schafen die Hölle heiß, wenn sie trödeln und nicht zur vereinbarten Uhrzeit wie ein Mann vor der Kneipe stehen und den Gemeindehirten zum Aufbruch drängen.)

In der 2. Zeile v. o. habe ich Dich nochmal aus lieber Gewohnheit gesiezt. Soll, glaube ich, nicht wieder vorkommen. 16 Alpakas. Unfaßbar. Schönen Gruß!!! 16 Alpakas.

Dein Harry

AN HANS W. GEISSENDÖRFER

Lieber Hans: 26-5-13

Gestern kam ich aus dem Nordseebad Varel-Dangast zurück,
hatte auch von Bremen bis Hamburg sogar einen Sitzplatz,
den ich nutzen wollte, um weiter Korrektur des 8. Mr-Gum-
Bandes, *Mr Gum und das geheime Geheimversteck*, von Andy
Stanton zu lesen, aber im Waggon waren ein Herrenkegelklub
und Wenkes Ladies Night, und Wenkes Ladies Night foto-
grafierte sich mit mir in den verschiedensten Konstellationen,
bis ein Kegler maulte: »Wenn du keinen Penner in der *Lindenstraße* spielst, hast du schlechte Karten bei der Damenwelt.«

Schönen Gruß!

Dein Harry

AN EINEN VERANSTALTER

Lieber Stephan: 4-6-13

Wie schön es bei Euch war, konnte ich so recht erst einen
Tag später ermessen, als ich im UKE ein Benefiz für ehemalige Mitarbeiter machte. »Mit Krankenschwestern muß man
sich gut stellen«, hatte ich gedacht, »gern auch mit ehemaligen, und je mehr Benefiz man macht, desto in den Himmel
kommt man«, aber ich kann Dir sagen ... Ich habe den Toten
gepredigt. Die durchaus gut drauf waren, versteh mich nicht
falsch, die sich aber auf gar keinen Fall von einem lästigen
Referenten in ihren Kaffe und Kuchen reinquatschen lassen
wollten. Ein ähnlich verheerendes Publikum hatte ich vor
vielen Jahren in einer Kita in St. Pauli West. Da ist es mir –
meine bisherige absolute Spitzenleistung – gelungen, während meiner eigenen Lesung abzuhauen, und zwar UNBE-
MERKT, so eine Randale war da. Da war es im UKE doch
merklich stiller (und hatte auch noch den Vorteil, daß ich
nach langer Zeit mal wieder wo der Jüngste war – seit Miami
und Bad Bevensen). Selbst schuld. Warum ist man nicht Carlo
von Tiedemann.
    Vielen Dank und schönen Gruß an Dich und Marai (deren
akustisch durchlässige Handtasche Ulla tief beglückt hat), Eva,
Katharina und das gesamte vorbildliche RIALTO-Kollektiv!!!
(Ich habe überraschend ein neues Kinderbuch von Philip Ardagh reingekriegt, das ich rasend schnell dazwischenquetschen
muß. 300 Seiten. Ich dachte, ich schaffe in einer übermensch-
lichen Anstrengung 50 Seiten pro Tag, und SO sieht es bisher
aus: Samstagnacht 1 Kringel <für 5 Seiten>, Sonntag 9 Kringel, Montag 5 Kringel, heute – bisher! – 2 Kringel. Bin ge-
spannt, wie es weitergeht.)

Ich bin nicht Warmo, Kalto,
nein, Heisso auf's Rialto.

Euer, äh, Harry

AN ULRICH GREINER, ZUR AUFNAHME IN DIE
HAMBURGER FREIE AKADEMIE DER KÜNSTE

Lieber Boß, ja, Doppelboß: 12-6-13

Wozu haben wir Paul Scheerbart, der wie immer die richtigen
Worte parat hat.

> Mein Herz ist über-, übervoll,
> Ich weiß nicht, was ich sagen soll.
> Mein Herz ist über-, übervoll,
> Ich weiß nicht, was ich sagen soll.
> Mein Herz ist über-, übervoll.
> Ich weiß nicht, was ich sagen soll.

Einen Vorschlag hätte ich schon. ICH WILL DIE PLAKATE
MIT DEN ZEICHNUNGEN WIEDERHABEN. Da habe
ich beim Warten auf die U-Bahn immer davorgestanden,
halblaut »Kompliment; sehr gut getroffen« gesagt, den Kopf
schief gelegt, den Namen der Künstlerin auswendig gelernt
und bis zum nächsten Mal wieder vergessen, so daß dieser
Name der von mir am häufigsten auswendig gelernte und
wieder vergessene Name ist.

Davon abgesehen, begrüße ich es sehr, daß nach Friedemann
von Stockhausen endlich ein zweiter Bewohner der Eppendorfer Landstraße 46 Mitglied der Freien Akademie der Künste
in Hamburg ist. Endlich hat dieses Haus die Repräsentation,
die es verdient. »Na? Immer noch nicht Mitglied? Woran
hakt's bei *Ihnen* denn?« werde ich künftig beim Vortrittlassen
zu ausgesuchten Mitbewohnern sagen können.

Kurz, lieber Boß, ich freue mich.

(frisch erlaucht) *Dein Harry*

2014

»Und tschüüüüs!«

AN ECKART VON HIRSCHHAUSEN

Lieber, sehr verehrter Herr   Hamburg, 6.1.2014
Dr. von Hirschhausen:

Anbei ein paar Werke, originalverpackt und unsigniert, damit
Sie sie leichter an Verwandtendreck oder Ähnliches verschen-
ken können. Die beiden Gedichte von mir, die ich auswendig
kann, lauten:

> Ich bin der Kalle, pralle Qualle,
> Kannst ›Kalle‹ sagen, sagen alle.

Sowie der Vierzeiler zu einem altmeisterlichen Gemälde von
Rudi Hurzlmeier, auf dem eine junge Frau mit Kopftuch und
Overall zu sehen ist, die ein Schwein versohlt, was dem
Schwein offenbar sehr behagt:

> Brigitte von der LPG
> bestraft das Schwein das tut zwar weh,
> doch ist dem Schwein dies sehr, sehr recht.
> Jaja, es war nicht alles schlecht.

Beides ohne Dialektangabe.

Ich grüße Sie sehr herzlich.
Ihr Harry Rowohlt

AN HANS-CHRISTIAN OESER

Lieber Hans-Christian: Hamburg, 7.1.2014

Alles halb so wild. Es geht mir, wie es so schön heißt, besser als gestern und schlechter als morgen.

Nein, den Limerick von Flann O'Brien kannte ich wie so vieles noch nicht. Hier folgt er flugs in deutscher Sprache:

> In Cavan brannte ein Waisenhort.
> Ein Richter fuhr zur Ermittlung nach dort,
> Ob die Heiligen Schwestern
> Eine Schuld träfe? Gestern
> Das Ermittlungsergebnis: Ein Draht war verschmort.[*]

Sonst für heute nichts. Ach so: Ein Gutes Neues Jahr!

Dein Harry

---

[*] *Das Original v. Flann O'Brien:*
  »Cavan there was a great fire
  Judge McCarthy was sent to inquire
  It would be a shame, if the nuns were to blame,
  So it had to be caused by a wire.«

AN HANS-CHRISTIAN OESER

Lieber Hans-Christian: Hamburg, 8.1.2014

Alles zurück: STOPP THE PRESSES! Wegen des leidigen Metrums habe ich den Limerick leicht verändert:

> In Cavan brannte ein Waisenhort.
> Ein Richter fuhr zur Fahndung nach dort,
> Ob die Heiligen Schwestern
> Eine Schuld trifft? Gestern
> Kam das Fahndungsergebnis:
> Ein Draht war verschmort.

»Fahndung« ist irgendwie wuchtiger als »Ermittlung«. Und eine Silbe kürzer.

Schönen Gruß!

Dein Harry

AN NIKOLAUS HANSEN

GEHEIMBRIEF Hamburg, 16.1.2014

Lieber Käptn:

Danke für Deinen Brief. Daß ich keine Lust hätte, Ken Bruen zu übersetzen, stimmt zwar, ich habe aber auch keine Zeit. Zur Zeit bin ich, wie Du weißt, nur sehr eingeschränkt arbeitsfähig und diktiere zum ersten Mal in meinem Leben der kreuzbraven Marianne* Übersetzungen. Zum ersten Mal »diktiere« und zum ersten Mal der kreuzbraven Marianne. Jetzt übersetzen wir gerade die Autobiographie von Abbie Hoffman (308 Seiten + noch zu erstellendem fulminantem Anmerkungsapparat), die Ende Juni auf Seite 119 unterbrochen wurde. Inzwischen sind wir schon auf Seite 154, danach kommt der neunte und letzte Mr. Gum von Andy Stanton, und dann hätte ich auch wieder einen Ken Bruen für aus der Pfütze raus übersetzt, aber das würde dauern. So, wie Du es vorschlägst, gefällt mir das Übersetzen von Ken Bruen gleich schon viel besser. Wenn Du es wirklich auf Dich nehmen willst, den einzigen Iren zu übersetzen, der nicht schreiben kann, übersetze ich solange zwei Juden, die das können.

Ich grüße Dich ausgesucht herzlich!

Dein Harry

---

* *Marianne Schatz, die HR die »derzeit Schreibende Hand« nannte*

AN EINEN AUTOGRAMMSAMMLER

Sehr geehrter Herr St.,   Hamburg, 16.1.2014

Ihr – kopierter – Brief war der einzige Brief, über den ich
mich heute geärgert habe, und zwar etwa im Gegenwert eines
ordnungsgemäß frankierten Briefes. Legen Sie sich doch ein
kostenloses Hobby zu, Glücksklee sammeln, z. B.. Außerdem
sind Autogrammsammler ohnehin die niedrigste Form menschlichen Lebens.

Schönen Gruß

P. S. »Advent« schreibt man, kleiner Tip für künftig kopierte
Briefe, nicht mit zwei »d«. Wie? Raten Sie mal. D. O.

AN DIRK KAUFFELS, ARGON VERLAG

Lieber Dirk: Hamburg, 20.Januar 2014

Ich habe Dich unbewußt gerügt, aber Hauptsache gerügt.

Dieter Faber sagte, für den Fall, daß ich immer noch an den Rollstuhl gefesselt bin, der U-Bahnhof Habichtstraße sei zwar nicht barrierefrei, aber der U-Bahnhof Barmbek. Da würde ich dann abgeholt und die Fuhle entlang geschoben. Er zählte auf, woran vorbei, und das klang sehr, sehr verlockend.

Für den Fall, daß ich, was ich nicht hoffe, immer noch an den Rollstuhl gefesselt sein sollte, fragte er unendlich behutsam und diplomatisch, wie ich mit menschlichen Bedürfnissen umzugehen gedenke. Als ich für »klein« eine Bettente erwähnte, brach es aus ihm hervor: »Laß mich das aufnehmen! Das ist das einzige Geräusch, das ich noch nicht habe.« Ich sagte: »Das ergibt aber nur in den seltensten Fällen ein hörbares Strullen. Meistens quält sich das an der Bettentenwand entlang. Und wenn es doch mal hörbar strullt, denke ich: »Zu dumm! Das wäre doch für Dieter ein gefundenes Fressen.«

Die Hörbuchfassung des Textes (Mr. Gum; Anm.) brauchst Du mir nicht noch einmal zukommen zu lassen, ich soll Dir aber von der unbestechlichen Marianne einen schönen Gruß ausrichten lassen: Sie haßt Dich, weil Du die Hörbuchfassungen schreibst, und sie genau merkt, was Du alles ausgelassen hast. Ich dagegen habe bei Deiner Hörbuchfassung vom »Geheimen Geheimversteck« viermal hörbar gelacht und bin begeistert.

Ich grüße Dich auf das herzlichste und freue mich auf den 17. und 18. März.

Dein Harry

AN JAKOB AUGSTEIN

Lieber Jakob Augstein: Hamburg, 23.1.2014

Anbei mein Testimonial.

Wenn ein wenig geliebter Mensch nicht 5, sondern 50 Jahre alt wird und man nicht kreativ zu sein braucht, gratuliert man ihn mit dem lauten Spruch »Auf die nächsten fuffzich« weg. Wenn eine Zeitung, die man sehr liebt, nicht 50, sondern 5 Jahre alt wird und man eigentlich kreativ sein müßte, gratuliert man sie mit einem lauten »Auf die nächsten fuffzich!« heran. Dem *Freitag* verzeihe ich sogar seine lebendige Online-Community, ich, der ich mit großem Stolz zu alt für Allergien, Computer und Handys (kurz: sämtliche Telefone ohne Wählscheiben) bin. Kreativ oder nicht: Auf die nächsten fünfzig!

Schönen Gruß

Ihr Harry Rowohlt

AN BERNHARD ROBBEN

Lieber Bernhard Robben: Hamburg, 7.Februar 2014

Schön, mal wieder von Dir zu hören. Damals, auf der Lit. Cologne, habe ich Dich und Ken Bruen vollinhaltlich ersetzt, auf drei Stühlen. Ich war nur froh, daß Ken nicht dabei war, denn ich habe ihn so gemein nachgemacht, daß er mir bestimmt über's Maul gehauen hätte. Schade, daß das nur nach Aserbaidschan übertragen wurde. Anschließend ging es dann in einem Sponsoren-Audi mit Massage-Vorrichtung in der Rückenlehne (auch auf dem Fahrersitz; die Fahrer waren bereits völlig willenlos) zur Nachsorge in die bekannte Schoko-Pinte, wo ich aber gleich wieder abhaute, weil ich nur zwei Menschen kannte: »Schappi« Wawerzinek und Roger Willemsen. »Schappi« Wawerzinek schulde ich dagegen noch eins über's Maul, weil er zwei oder drei meiner Lesungen durch schwachsinniges besoffenes Gebölke gestört hat, und zu Roger Willemsen sagte ich: »Du bist mir immer zu gut gelaunt«, worauf Roger Willemsen vor Lachen in der Hüfte fast zerbrach und sagte: »Ich bin aber doch ein notorischer Miesepeter.« Da habe ich mir wieder im Audi den Rücken massieren lassen.

Nun zu Deinem Übersetzungsproblem. Ich weiß nicht, wie man sich bei »überwintern« so verhören kann, daß man »onanieren« versteht, und ich weiß auch nicht, wie man sich bei »Echo« so verhören kann, daß man »verbatim« versteht. Wenn ich das Buch zu übersetzen hätte, würde mir bestimmt etwas Blödes einfallen, aber ich habe das Buch nicht zu übersetzen und schließe mich gern meinem verehrten Kollegen Hans-Christian Oeser an und verdrehe stumm die Augen.
Schönen Gruß, Mensch!
Dein Harry

AN DANIEL KAMPA, HOFFMANN UND CAMPE

Lieber Herr Kampa: Hamburg, 14.Februar 2014

Sie schreiben, Sie hätten netterweise von Herrn Heidelbach gehört, ich sei »nicht gänzlich abgeneigt, eventuell einige Essays
von A. A. Milne ins Englische zu übertragen.« Daran stimmt ja
nun gar nichts. Ich bin a) gänzlich abgeneigt, etwas ins Englische zu übertragen, und b) schon gar keine Essays von A. A.
Milne.

Aber ernsthaft jetzt. Ich übersetze gerade die Autobiographie von Abbie Hoffman, danach kommt der neunte Mr-
Gum-Band von Andy Stanton, und dann muss ich das dritte
Buch über die Familie Grunz von Philip Ardagh übersetzen.
Weil ich immer noch an den Rollstuhl gefesselt bin, dauert
alles länger als üblich, und das Frühjahr 2015 wäre schlicht illu-
sorisch, aber Milne ist schon so lange tot, finde ich, daß er getrost noch ein Jahr töter werden kann.

Ich habe gerade den Essay über Spazierstöcke begonnen,
aber dann mußte ich gleich zurück in die Salpetermine. Es
würde mich jedenfalls freuen, wenn wir auf diese Weise mitei-
nander ins Geschäft kämen.

Schönen Gruß! Willkommen in Hamburg!!

Ihr Harry Rowohlt

AN BILL UND PETRA RAMSEY

Liebe Petra, lieber Bill: Hamburg, 28.Februar 2014

Ich führe jetzt knapp vor Ulla! Gestern abend, beim Wiener Opernball, kannte ich außer Euch, die Ihr am Schluß des heitern Opernball-ABCs unter »L« wie Lachen lachend gezeigt wurdet, noch, im Gegensatz zu Ulla, Nicholas Ofczarek, der zwar, im Gegensatz zu Euch, glaube ich, ein ziemliches Arschloch ist, aber immerhin sagte, er sei auch Ire. »Das merkt man ja schon am Namen«, sagte ich, »O'Fczarek.«
Für heute nichts weiter.

Schönen Gruß!

Euer Harry

AN WIGLAF DROSTE C/O VERLEGER BITTERMANN

Lieber Wichlaff: Hamburg, 11.März 2014

Das war ja eine Überraschung. Zuerst die prunkvolle Widmung und dann die zwei überraschenden Auftritte, einmal
als hanseatischer Anhuster von Ralle und dann als Einschlaf-
Hirsch auf den Kinderbettkanten unserer Nation. In dem
ganzen Buch fühlte ich mich wohlbehütet, wie in einer war-
men Wanne, und wackelte verzückt mit den Zehen. Danke
erstmal,

Dein Harry

P. S.: »Kein Brief ohne PS!« (Flann O'Brien)

P. P. S.: Mir war nie aufgefallen, daß Verbitter Legermann (der,
wenn er Dir diesen Brief nicht weiterleitet, als heimlicher
Öffner privater Post aufgeflogen ist) so eine sklerotische Harn-
blase hat. Werde ich bei Gelegenheit mal drauf herumreiten.

AN STEFANIE SCHWEIZER, BELTZ & GELBERG

Liebe Stefanie Schweizer: Hamburg, 21.März 2014

Erst dachte ich, den Text hätte nie jemand gesehen (S. 24, S. 32), aber dann hatte jemand unnötigerweise ein zweites S an das Wort »tschüs« geklebt. In Weinheim an der Bergstraße könnt ihr meinetwegen auch gern »tschüsssss« mit 4 s und mehr sagen, aber in besiedelten Gebieten sagt man immer noch »tschüs«, gern auch »tschüüs«.

Und die vielen Kommata, die ich überall vor »und« wieder einfügen mußte, wenn nach dem »und« ein vollständiger Satz kam …

Und daß es statt »Hôtel« immer »Hôtel« heißt …Wie bei Tucholskys Lottchen! Tröstlich, daß funktionale Analphabeten in Weinheim an der Bergstraße eine Heimstatt finden.

Und von Verleger Haffmans habe ich gelernt, daß es nicht die Aufgabe eines Lektors ist, einem verzweifelnden Übersetzer einzureden, wie toll das Buch ist, sondern einen anderen Übersetzer zu finden.

Und wie man diese 123 Seiten in zwei Tagen auf Band sauen soll, weiß ich auch nicht. Kennen Sie jemanden, der so was kann? Ich kenne keinen.

Und tschüüüüüs!

Ihr Harry Rowohlt

AN EINEN FREUND

Lieber Jakob: Hamburg, 19.April 2014

Danke für die irischen Ostergrüße: Ich habe die irischen Ostern gebührend gefeiert, indem ich mit einem Traum in sie hinein aufwachte, in dem ich eine japanische Waisenkinder-Revolte anführte. Immer im Dienste der großen gemeinsamen Sache unterwegs!

Und dann auch noch O'Donoghue's! Wo ich einst, ohne zu wissen, daß sie das waren, die Dubliners gehört habe. Und wer beschreibt mein Erstaunen, als sie zwei Jahre später die Bühne der Hamburger Musikhalle betraten und ich die Jungs längst kannte. Ich war damals mit Erich Doll von Truck Stop dort, und er sagte, als sie auftraten, ehrlich angetan: »Sehen ja richtig schlecht aus, die Herren.«

Ich werde mich bemühen, weiter zu genesen, und dann komme ich als erstes, versprochen, nach Heidelberg!

Erin go bragh!

Dein Harry

Personenregister

Adorf, Mario 205
Alsmann, Götz 64
Amendt, Günter 286
Andersch, Alfred 44
Andersen, Hans Christian 93
Ardagh, Philip 36, 173, 265, 319, 332
Arjouni, Jakob 121 f., 123 f., 125 ff.
Artmann, H. C. 120, 252
Augstein, Franziska 177 f.
Augstein, Jakob 267, 330
Auster, Paul 30

Bachmann, Ingeborg 56
Baez, Joan 57
Baker, Steve 280
Becher, Ulrich 14, 102
Becker, Ben 25
Beckett, Samuel 81 f.
Benedictus, David 95
Berger, Jens Michael 301
Bernhard, Thomas 291
Bierce, Ambrose 64
Bilous, Josef 209 f.
Bissinger, Manfred 202 f., 299 f.
Bitsche, Herwig 304
Bittermann, Klaus 155 f., 313 ff., 334
Bittermann, Tania 155 f.
Block, Friedrich Wilhelm 80, 211
Bodmer, Thomas 290
Borchers, Elisabeth 27
Breitfeld, Martin 227
Bron, Eleanor 81
Bruen, Ken 128, 232, 327, 331
Brunath, Claudia 257 f., 259 f.
Buddenkotte, Katinka 211
Bülow, Vicco von (Loriot) 148 f., 170

Cannell, Cynthia 72, 93
Cardenal, Ernesto 83 f.,
Celan, Paul 56
Chapman, Graham 174, 194 f., 205, 275
Chesterton, G. K. 30
Conrad, Armin 42
Coppola, Francis Ford 30
Crumb, Robert 75, 173, 307

Davis, Angela 57
Dickens, Charles 93
Dittrich, Olli 73, 126, 211
Doll, Erich 336
Droste, Wiglaf 22, 162, 175, 192, 334
Dzierzawa, Stefan 312

Eckenga, Fritz 80
Edelhagen, Kurt 284
Eren, Ertu 22, 273

Faber, Dieter 26, 103, 179, 253, 255 f., 280, 329
Fahrenberg, W. P. 30
Faulkner, William 288
Fedder, Jan 129
Feltrinelli, Inge 267 f.
Fischer, Herwig 66, 68, 88, 294
Fischer, Irene 70 f., 88, 154
Flaubert, Gustave 50
Fleischer, Fips 284
Flieher, Bernhard 47
Fried, Erich 215, 219

Gauck, Joachim 225 f.
Gebhard, Heiko 155
Geißendörfer, Hans W. 67, 282
Gernhardt, Almut 82

339

HARRY ROWOHLT BEI KEIN & ABER

DER KAMPF GEHT WEITER
Nicht weggeschmissene Briefe I

»Briefe sind Nebenwerke und Gebrauchstexte – dieses lange von
der Literaturwissenschaft gehätschelte Vorurteil wird mit Harry
Rowohlts *Der Kampf geht weiter!* endgültig ad absurdum geführt.«
Deutschlandradio Kultur

Einerlei, wer die Adressaten sind: ob Ledig-Rowohlt oder Siegfried
Unseld, ob Roger Boylan oder Frank McCourt oder der anonyme
Lindenstraße-Fan – der freie Geist und herausragende Stilist Rowohlt schert sich nicht um Konvention und Contenance; brillant
geschliffen erhält jeder die ihm gebührende Antwort.

eBook, 448 Seiten
Herausgegeben von Anna Mikula
ISBN 978-3-0369-9175-7

www.keinundaber.ch

HARRY ROWOHLT BEI KEIN & ABER

GOTTES SEGEN UND ROT FRONT
Nicht weggeschmissene Briefe II

»Es gibt in der deutschen Gegenwartsliteratur wohl
keine Briefe, die vergnüglicher und authentischer wären
als diese Kabinettstücke.«
Neue Zürcher Zeitung

Jeder Brief aus der Feder von Harry Rowohlt ist ein Unikat, ein
Geschenk des Autors an sich selbst und seine Korrespondenzpartner.
Er schreibt Briefe wie andere sich am Bart zupfen: unablässig, selbst-
vergessen und besonnen, aber auch wortgewandt und immer be-
herzt.

Hardcover, 272 Seiten
Herausgegeben von Anna Mikula
ISBN 978-3-0369-5536-0

www.keinundaber.ch

HARRY ROWOHLT BEI KEIN & ABER

POOH'S CORNER
Meinungen eines Bären von sehr geringem Verstand

»Ab 1989 schrieb Rowohlt die Kolumne, die bewies, daß er nicht nur ein großer Übersetzer, sondern ein mindestens so wunderbarer Autor sein konnte.«
Tages-Anzeiger

Alle gesammelten Texte von Harry Rowohlts legendärer *ZEIT*-Kolumne *Pooh's Corner*, die er vierundzwanzig Jahre lang schrieb. Der Schmuckschuber enthält zwei Bände, die die Zeiträume 1989–1997 und 1997–2013 abdecken.

2 Bände im Schuber, 980 Seiten
ISBN 978-3-0369-5733-3

www.keinundaber.ch

HARRY ROWOHLT BEI KEIN & ABER

HARRY ROWOHLT FÜR KINDER

»Vor Harry Rowohlts Stimme und Charme gibt es
kein Entkommen.«
SPIEGEL online

»Eine Kindheit ohne *Pu der Bär* und *Wind in den Weiden* kann
eigentlich nicht wirklich glücklich sein.«
Die Welt

Hinein in die abenteuerliche Tierwelt aus vier der größten Kinder-
buchklassiker aller Zeiten! Harry Rowohlt liest *Pu der Bär* von
A. A. Milne, *Pu der Bär – Rückkehr in den Hundertsechzig-Mor-
gen-Wald* von David Benedictus, *Der Wind in den Weiden* von
Kenneth Grahame und *Lafcadio* von Shel Silverstein.

16 CDs, Spieldauer 17 Std. 30 Min.
ISBN 978-3-0369-1288-2

www.keinundaber.ch

HARRY ROWOHLT BEI KEIN & ABER

FLANN O'BRIEN
WERKE
Übersetzt von Harry Rowohlt

»Der zweithervorragendste unter den irischen Schriftstellern,
nach Harry Rowohlt aus Hamburg.«
Süddeutsche Zeitung

Kein anderer versteht es wie Flann O'Brien, die Torheit der Menschen mittels Ironie und Parodie zu entlarven. Dieser Schuber versammelt sein Gesamtwerk in acht Bänden – übersetzt und durchgesehen von Harry Rowohlt.

8 Bände im Schuber
ISBN 978-3-0369-5615-2

www.keinundaber.ch